大学生心理健康教育与咨询实务

白卫红◎著

中国原子能出版社

图书在版编目（CIP）数据

大学生心理健康教育与咨询实务 / 白卫红著. -- 北京 : 中国原子能出版社, 2022.9
ISBN 978-7-5221-2143-7

Ⅰ. ①大… Ⅱ. ①白… Ⅲ. ①大学生－心理健康－健康教育－研究 Ⅳ. ①G444

中国版本图书馆 CIP 数据核字（2022）第 170439 号

大学生心理健康教育与咨询实务

出版发行	中国原子能出版社（北京市海淀区阜成路 43 号 100048）
责任编辑	杨晓宇
责任印刷	赵 明
印 刷	北京天恒嘉业印刷有限公司
经 销	全国新华书店
开 本	787mm×1092mm 1/16
印 张	12.25
字 数	206 千字
版 次	2022 年 9 月第 1 版
印 次	2022 年 9 月第 1 次印刷
标准书号	ISBN 978-7-5221-2143-7 **定 价** 72.00 元

网 址: http//www.aep.com.cn E-mail: atomep123@126.com
发行电话: 010-68452845

前　言

随着科学技术的迅猛发展，社会生活的各个领域都面临着严峻的竞争和挑战。大学生作为社会的主要后备力量，肩负着建设国家的艰巨任务，他们所要面临的压力是巨大的。思想观念多样、学习节奏加快、环境适应困难、自我意识淡薄、人际关系复杂、就业形势严峻、人才竞争激烈等一系列问题对大学生的心理健康都产生了很大的影响。从我国高校的普遍情况来看，大学生的心理健康状况不容乐观。特别是近年来，由于心理问题，大学生休学、退学、犯罪甚至自杀的事件明显增多，大学生的心理健康问题已引起学校、家庭及社会的普遍关注，“大学生的心理健康教育”也被列为各大高校的公共基础课程，高校也开展了与大学生心理咨询相关的各种工作。

本书立足大学生心理健康教育与咨询实务的话题，进行大学生心理健康问题和心理咨询问题的研究介绍，帮助广大读者了解大学生的心理健康问题。

本书第一章为大学生心理健康与咨询，第一节是心理健康与大学生心理特点，第二节是大学生心理健康教育，第三节是心理咨询；第二章为大学生心理咨询的理论基础，分别介绍了大学生心理咨询的基本理论、大学生心理咨询的程序与技巧、大学生心理咨询的方式与方法三方面的内容；第三章内容主要为角色改变下的大学生心理健康教育，从大学环境适应与身份角色改变、大学生的自我意识发展两点阐述大学生进入大学后的变化；本书第四章为大学生知、情、意方面的心理健康教育，第一节为认知与心理健康发展，第二节为情绪与心理健康发展，第三节为意志品质与心理健康发展；第五章主要是大学生心理健康问题与调控的方法介绍，大学生时期要经受哪些挫折、挫折的原因及如何度过是其中重要的内容，其后简单阐述了大学生常见心理问题与矫正及大学生异常行为识别与处理；第六章为大学生心理咨询的主要内容，包括大学生的学业咨询、人际关系、爱情和性心理问题的咨询；最后一章为大学生心理咨询技术与实务，简单介绍了常用心理咨询技术、心理咨询中的特殊问题及处理、大学生心理问题咨询实务。

在撰写本书的过程中，作者得到了许多专家学者的帮助和指导，参考了大量的学术文献，在此表示真诚的感谢。本书内容系统全面，论述条理清晰、深入浅出，但由于作者水平有限，书中难免会有不足之处，希望广大同行批评指正。

作者

目　录

第一章　大学生心理健康与咨询 …… 1

第一节　心理健康与大学生心理特点 …… 1

第二节　大学生心理健康教育 …… 10

第三节　心理咨询 …… 13

第二章　大学生心理咨询的理论基础 …… 28

第一节　大学生心理咨询的基本理论 …… 28

第二节　大学生心理咨询的程序与技巧 …… 31

第三节　大学生心理咨询的方式与方法 …… 51

第三章　角色改变下的大学生心理健康教育 …… 85

第一节　大学环境适应与身份角色改变 …… 85

第二节　大学生的自我意识发展 …… 88

第四章　大学生知、情、意方面的心理健康教育 …… 97

第一节　认知与心理健康发展 …… 97

第二节　情绪与心理健康发展 …… 100

第三节　意志品质与心理健康发展 …… 107

第五章　大学生心理健康问题与调控 …… 110

第一节　大学生面临的挫折与分析 …… 110

第二节　大学生常见心理问题与矫正 …… 124

第三节　大学生异常行为识别与处理 …… 128

第六章　大学生心理咨询的主要内容 …… 137

第一节　大学生的学业咨询 …… 137

第二节　大学生的人际关系调节……151
第三节　大学生的爱情心理咨询……160
第四节　大学生的性心理咨询……165
第七章　大学生心理咨询技术与实务……170
第一节　常用心理咨询技术……170
第二节　心理咨询中的特殊问题及处理……176
第三节　大学生心理问题咨询实务……181
参考文献……187

第一章　大学生心理健康与咨询

随着科学、文化和社会的不断发展以及医学模式的转变，心理和社会因素对健康的影响越来越引起人们的关注，心理咨询也应运而生。其中，大学生的心理健康问题是近几年关注的热点。本章分别从心理健康与大学生心理特点、大学生心理健康教育、大学生心理咨询来介绍大学生心理健康与咨询的相关知识。

第一节　心理健康与大学生心理特点

一、心理健康的认知

（一）心理的概念和本质

心理又称“心理现象”或“心理活动”，是指人脑对客观物质世界的主观反映。其本质体现在以下三个方面。

1.心理是脑的功能

在人类的身体器官中，大脑是极其重要的，有着非常缜密的神经组织，而人类的所有心理活动正是源于大脑。大脑随着人们身体的成长逐渐发育成熟，在这一过程中，人们的心理活动逐渐出现，并且随着大脑神经系统的不断完善也逐渐变得复杂，这是心理发展的一个从初级到高级的过程。可以这样说，心理是人体的大脑组织对事物的反应。

对于现代人来说，人们在认知常识里就认为心理是人类大脑的活动，但是这种认知并不是一开始就有的。起初，人们虽然知道什么是心理活动，但并不了解心理活动的产生过程，错误地把心脏看成人们产生心理活动的器官，而且这种错误的认知存在了很长时间。随着生物学、医学的发展，人们才逐渐认识到心理是脑的功能。

2.心理是客观现实的反映

人们之所以会产生心理活动，首先是因为外界对人的感官系统产生了刺激，然后这种刺激信息会通过人体的神经系统传递给大脑，大脑收到信息以后会对信息进行分析、总结，从而产生心理活动。在这一过程中，外界信息也就是客观现实是人们产生心理活动的源头。因此，研究心理必须以客观现实为依据。

心理学是人类社会的产物，因此，心理学的研究要在人类社会这一范围内。否则，人体大脑也不会产生人类心理。世界范围内发现过很多“狼孩”，这些“狼孩”远离人类社会，长期与动物一起生活，这种脱离人类社会的生存环境导致他们无法拥有人类心理。比如，20 世纪 20 年代非常著名的印度狼孩，虽然他们被人类发现并且收留，但由于长期脱离人类社会，已经失去了人类的心理。

人类对不同的客观现实会产生不同的心理活动，这是大脑积极能动的表现，这种积极能动性会提升人们的认知，进而逐渐改造客观世界。

3.心理是以活动的形式存在的

心理是人体大脑对客观现实的主观映像，是无形的。但是，心理可以从人的各种行为中表现出来。因此，人们若想了解一个人的心理，可以观察他的行为、活动。当一个人比较愤怒时，那么他说话时的语气、动作都会与平时有很大的不同，这些差异就是最好的分析人们心理状态的材料。

（二）心理健康概述

1.健康的概念

一个人的健康不但包括生理上的健康还包括心理上的健康。生理健康指的是一个人的身体组织、器官都处在正常的状态下，没有疾病的困扰；心理健康指的是人的心理、精神能够与社会发展相适应，处于一种与社会非常和谐的状态。

另外，道德健康也是健康的一个重要标准。如果一个人道德不健康，那么他肯定不是一个健康的人。也就是说，一个人是否健康不能只看他有没有疾病，只有道德、心理、生理都比较健康而且能够与社会相适应的人才是健康的人，这也是现代健康的观念。

可以看出，健康不是单一的，包含很多方面，具有不同方面的内容，需要综合考虑。

2.心理健康的概念

关于心理健康的概念，不同时期、不同组织、不同学者有不同的观点，并没有统一的标准。

心理健康可以表现在一个人的日常生活、工作和学习中，体现的是一个人比较安静、平和的状态。心理健康并不是要求一个人在心理上十全十美，而是在自己所生活的环境中使自己的心理状态达到最佳，进而帮助自己更好地生活。

虽然人们对心理健康的概念具有不同的看法，但是都是从人类社会的角度去看待心理健康问题的，总的来说心理健康可以从以下几个方面考虑。

（1）满意度比较高。

（2）人际关系比较简单、和谐而且拥有比较健全的人格。

（3）能够适应自己所在的社会环境。

（4）情绪波动比较小。

人的心理状态受不同因素的影响，包括社会环境、家庭环境、身体状况，等等，因此，人的心理状态会出现不同的变化，这是一种正常的现象，但是也很容易导致人们出现心理不健康的情况，甚至出现心理疾病。人们受不同因素的影响，很难始终保持心理完全健康的状态，大多数人处于心理亚健康状态，也就是说大多数人都有轻微的心理问题，但是他们可以通过自我调节恢复到心理健康状态。例如，因丧失亲人而悲伤、因面临关键考试而焦虑、因恋情受挫而情绪低落等都属于心理问题，都可以由个体通过自我调节予以消除。

一般来说，心理健康与心理亚健康都属于心理正常，而患有心理疾病则属于心理异常，如图 1-1-1 所示。这里所说的“心理正常”，是指个体能进行正常的心理活动。

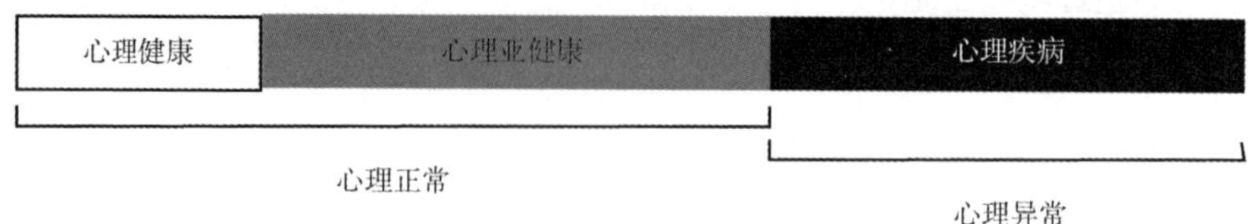

图 1-1-1　心理正常与心理异常示意图

个体的心理处于健康状态，既不意味着其没有任何心理冲突或消极情绪，也不代表其能完美地解决工作和生活中出现的各种问题，而只能表明在面对现实生活中的各种问题时，其能积极面对现实，通过各种途径有效地进行自我调节，积极适应环境，并保持良好的生活状态。这是心理健康者与心理不健康者的最大区别。

（三）心理健康的标准

1.国内心理健康标准

心理健康标准是我国心理学家们时常研究和关注的话题，不同的心理学家对心理健康的标准看法不一，但总体有以下几个方面。

（1）能够自主独立地生活。

（2）能够独立地对客观现实进行思考和判断。

（3）从内心认可自己。

（4）具有良好的自信心。

（5）能够适应不同的环境。

（6）人际关系和谐且稳定。

（7）掌握适合自己的学习方法。

（8）具有面对失败的勇气。

心理健康标准是对人们心理上一种比较全面、完美的要求，这种要求为人们提高自己的心理健康水平指明了道路和方向。

2.大学生心理健康标准

大学生的心理健康关系到祖国事业的发展，应当与学生的年龄特点以及我国的社会发展相适应。下面几个方面是我国大学生心理健康评价的角度，也是我国大学生心理健康的标准。

（1）保持良好的智力水平。智力体现在多个方面，是人们不同能力如记忆力、想象力、创造力等的综合表现。在大学生的生活、学习中，良好的智力是其适应环境、学习知识的前提。如果大学生不能保持良好、正常的智力水平，那么就不可能在大学这个充满知识的环境中保持学习知识的热情，也就无法在将来的工作岗位上发挥自己的才能。因此，智力是一项非常重要的标准。

（2）具备积极向上的生活心态。人们生活在社会中，总会遇到不同的事情，进而影响人们的情绪，有的情绪是积极的，有的情绪是消极的，大学生亦是如此。但是无论何时，大学生应当学会自我调节，用积极的心态面对学习和生活，具有把控情绪的能力，消除消极情绪带来的负面影响，勇敢面对生活，充满对未来的向往。

（3）拥有顽强的意志。有志者事竟成，顽强的意志是克服困难的强大精神动力。大学生作为社会上一个特殊的群体，虽然尚未经过社会磨炼，但是要学会自我控制，继承中华民族顽强的意志，为以后的工作奠定坚实的心理基础。

（4）具备健全的人格。人格可以体现一个人的精神面貌，展现一个人的魅力。大学生是祖国的希望，是国家努力培养的继承人，因此，必须具备健全的人格，将祖国的命运与个人的命运紧密相连，做到言行一致，始终如一。

（5）能够充分认识自我。每个人的能力是不一样的，大学生应当对自己有清晰的定位，以良好的心态正确评价自己，发挥自己的优势，正视自己的不足，不卑不亢、自尊自强。正确、充分地认识自己是大学生心理健康的重要表现。

（6）能够妥善处理各种人际关系。良好的人际关系能够提升一个人的幸福感。大学生需要处理师生关系、同学关系、朋友关系，等等，在处理不同的关系时需要保持正确的交往动机和独立、完整的自身特点，使各种人际关系和谐、平等。

（7）生活中要体现自身年龄特点。大学生已经脱离了青少年阶段步入青年阶段，应当逐步建立起成熟的心理，以更加稳重的姿态面对自己的学业和生活。

二、大学生心理特点与影响因素

（一）大学生的心理特点

1.智能发展达到高峰，易带主观片面性

大学阶段是人生发展的一个特殊阶段。这一时期，大学生逐渐脱离父母独自生活，这种偏社会化的环境能够使他们心理更加成熟，但是这种成熟还不完全，同时，这一时期的大学生智能也会更加快速地发展，认知水平也会快速提高。这种非常快速的发展和提高容易让大学生在考虑问题时不够全面，易受主观因素影响，甚至让自己陷入固执的思维。这对大学生的长远发展来说是非常不利的。

2.独立的自我意识增强，又有一定的依赖性

一方面，多数大学生由于是从家门直接到校门，没有社会生活经验，心理成熟滞后于生理成熟，经济上无法独立，深受社会多元价值的影响；另一方面，大学生脱离了原来熟悉的生活环境与父母的呵护，自我意识明显增强。因此，大学生实际上无法真正独立，不得不依赖他人，同时又开始重视自我评价与自我表现，渴望独立，渴望得到他人认可。

3.情绪情感丰富，但不稳定

大学生是一个富有朝气的年轻群体，道德感和责任感较强，他们充满活力、富有热情、渴望得到社会的认可。但是，在未被社会认可之前，大学生很容易因为期望过高而受到打击，进而导致情绪不稳定，这是一种不成熟的表现。

4.渴望人际交往，又害怕被拒绝

大学生渴望友谊，渴望被别人理解和接纳，这就需要他们扩大人际交往的范围，提高自己的交往能力，因为只有这样才能拥有良好的人际关系。部分大学生的人际交往需求虽然迫切，可是由于缺乏相应的社会生活经验，面对校园人际环境的新变化，有些大学生短时间无法适应，产生自卑的人际交往心理，害怕退缩，不敢与他人交往。

5.人格基本成熟，尚不完善

大学时期是学生塑造人格的重要时期。在大学阶段，学生会逐渐展现自己成熟的一面，但是这种成熟是相对的，他们内心还是矛盾的，既想展现自己的个性，又要表现自己的成熟稳重。在这种矛盾的作用下，学生逐渐形成自己的人格。这时，学生如果能够正确地认识自己便能够塑造更加健康、完整的人格，也就能更加适应社会的发展。

在人格塑造的过程中，很多学生由于对自己的认识不足，出现自卑、浮躁等心理状态，这就需要学生勇敢面对自己、认识自己，充分发挥自己的长处，以平和的心态面对社会和生活。

（二）影响大学生心理健康的主要因素

1.环境变迁

从生物学来说，智慧的本质就是一种适应。环境的巨大变迁往往会让个体产生适应不良问题。进入大学时，绝大部分大学生要第一次长期远离父母，远离家乡，需要适应不同的环境。

首先，大学生要逐渐适应大学生活，包括适应气候、饮食、作息时间、语言环境等各个方面。对于从小居家、没有集体生活经验且自理能力较差的新生而言，适应大学的集体生活是一个不小的挑战，他们容易因此而产生烦躁、焦虑、紧张不安等负面情绪。

其次，大学生需要独立地面对各种不同的新关系。在我国传统观念中，学习是学生的第一要务，因此，很多学生在步入大学之前的人际关系都比较简单。但是大学生活则不同，学生需要面对来自不同地域、不同家庭的新面孔。在相互磨合的过程中，同学之间很容易因为性格、习俗等产生摩擦，还有可能给对方造成心理伤害。这是大学生步入大学后需要经历的阶段，如果处理不当很有可能产生更加严重的人际交往方面的心理障碍。

最后，大学生还要适应个人角色的变化。能进入大学的学生在中学阶段多为学习上的佼佼者，往往深得师长的关注和同学的喜爱。大学校园里高手云集，且跨入大学校门后，人们的关注点从单纯的学习成绩转向综合素质，很多大学生之前的优势不再突出，因而从“重要角色”变为“普通角色”。对此，他们会产生一定的心理落差，甚至会产生心理问题。

2.学校因素

中学阶段，学生的升学压力比较大，学习气氛比较紧张，导致很多学生过于重视学习成绩的提高而忽视了其他能力的培养。步入大学以后，这种紧张的学习气氛突然消失了，一些自制力差的学生则开始逐渐懒散，出现消极心理，进而迷失人生方向，变得懒惰、颓废、没有活力和前进的动力。

另外，高校的心理健康教育也是影响学生心理健康的重要方面。对于高校来说，一方面要扩大招生规模，另一方面要提升自身的知名度和教学质量，这为高校工作带来很大的压力，导致很多高校不重视学生的心理健康教育。很多高校对学生心理健康教育的投入非常有限，甚至有的学校都没有配备专职的心理健康教师，即使有也大多由辅导员兼职，这极大地限制了高校心理健康教育的发展，非常不利于大学生的身心发展。因此，高校应当对大学生心理健康教育引起足够的重视。

对于心理健康教学来说，大多数高校采用的是课堂教学的模式，这种教学模式以知识灌输为主，教师与学生的沟通较少，不能充分调动学生的积极性，导致很多真正有问题的学生不敢与教师进行交流，也就无法真正起到心理教育的作用。

3.家庭因素

家庭是人生的第一所学校，学生对外部世界的认知是从家庭教育开始的。因此，家庭环境对学生成长与心理的影响是长久而深远的。家庭的影响主要体现在家庭氛围、家庭结构和家庭经济状况三个方面。

家庭氛围能综合反映家庭成员的价值观念、精神面貌和情感态度，它对个体的心理健康发展有着重要的影响。在一个家庭中，如果父母性情暴躁、言语粗鲁、意气用事，相互之间的关系不和谐，甚至相互大打出手，那么身处这种家庭氛围中的孩子往往会不知所措，并会因为父母之间的关系而焦虑不安，容易形成孤僻、自私、玩世不恭等不良的心理品质。

家庭结构的变化也会对大学生心理产生一定的影响。家庭结构不完整会对大学生心理健康状况产生很大的负面影响。例如，父母离婚后，孩子往往会失去健康成长的家庭环境，进而很难感受到家的幸福与温馨，容易形成孤僻的性格。

家庭经济状况也是影响大学生心理健康的一个主要因素。随着我国社会经济的发展，人们的物质生活得到了改善，但不同地区的经济发展水平仍存在很大差距。在校园内，家庭经济困难的大学生仍占不小的比例。由于家庭拮据，一些大学生在生活和学习中长期处于紧张状态并因此而感到自卑，对他人的言语和行为更为敏感，其心理健康状况也会受到影响。

当前，很多大学生都是来自独生子女家庭。这些学生一般是在两代人的呵护下长大的，因而在面对集体生活时容易表现得过于自我，缺乏集体意识，容易表现出一些过激行为，这也是影响大学生心理健康非常重要的一个方面。

4.个体因素

（1）人格特征

人格可以看作人们在适应社会的过程中表现出的具有一定倾向性的心理特征。人格受两种不同因素的影响，分别是遗传因素和环境因素，其中环境因素是影响人格的主要因素，如家庭、社区、学校等。社会上不同的地域有不同的文化，这种文化的差异会导致人们表现出不同的人格特征，而人格特征是一个非常重要的、对人们心理健康产生影响的因素。

在日常生活中，人们会经常听到“完美主义”这个词，很多人也被称作“完美主义者”。其实，完美主义又可细分为两种，一种是正常完美主义，另一种是神经质完美主义，它们都是相对稳定的人格特征。正常完美主义者一般都能够很好地适应社会环境，以乐观积极的心态面对生活和工作，虽然对自己的要求比较高，但是对自己有一个正确的认知。而神经质完美主义者则完全相反，不但不能很好地适应环境，还经常产生一些不切实际的想法，即使环境已经发生变化也始终固守自己标准，这种完美主义者特别容易产生负面情绪。

（2）个体自我认知

大学里相对开放的学习环境与学生们在中学时代的学习环境有很大的不同，学生需要一段时间适应环境的变化，这是一个自我认知的过程，很容易出现心理问题。如果学生对自己认识不足，导致对自己的评价过低或者过高，就很容易产生自卑或者自负心理，这两种心理都是非常不健康的，不利于学生的长远发展。另外，大学生作为同龄人中的佼佼者，不论对自己的要求过高或者过低都会让自己心理产生矛盾，进而影响心理的健康发展。在理想与现实之间，学生应当以客观的态度面对现实，以积极的心态面对自己的理想，勇敢面对现实中的困难，不逃避、不气馁。

（3）心理抗挫能力

挫折在个体的成长过程中无处不在。在大学学习和生活中，大学生同样会遇到各种各样的挫折，如考试方面的挫折、人际方面的挫折、经济上的挫折、理想与现实之间的落差所带来的挫折、家庭关系上的挫折、情感上的挫折等。面对这些挫折，心理抗挫能力较强的大学生可以很好地调适心理，及时消除挫折带来的挫败感；而抗挫折能力较弱的大学生，则容易产生消极的情绪反应，如感到自尊心受损、自信心丧失，或产生紧张、不安、焦虑、恐惧、抑郁等心理。这些负面心理会影响大学生心理的健康发展。

第二节　大学生心理健康教育

一、大学生心理健康教育的意义

（一）是大学生健康成长、全面发展的重要保证

首先，由于大学生正处于青年中期，其自身的生理、心理特点导致他们内心充满矛盾与冲突，导致他们中的不少人在面对社会现实中的学习、生活、工作、人际等问题时，会因为处理不当而陷入痛苦、失望、焦虑，甚至出现心理问题或心理疾病。

其次，大学生进入大学后就面临着学业上的压力，未来就业的竞争，复杂的人际关系，思想转轨期价值观念的不稳定性以及外来文化的冲击，使得大学生患上心理疾病的概率大大增加，如不能及时解决，势必会影响大学生的健康成长。

因此，对大学生进行心理健康教育，帮助大学生完成自我分化，理顺理想自我与现实自我的关系，完善大学生的人生观、世界观就显得极为迫切，而这也是促进大学生完善自我、全面发展的重要保证。

（二）是促进社会主义和谐发展的基础

大学生是我国社会主义事业的建设者和接班人，大学生的心理健康问题不仅关系到他们个人的健康成长，也关系到国家的发展和社会的和谐稳定，关系到社会的文明进步。加强大学生心理健康教育是建设社会主义和谐社会的本质要求。

二、大学生心理健康教育的基本原则

（一）客观性原则

客观性原则指的是大学生心理健康教育应当符合学生的年龄特点，结合大学生所在的生活环境，从实际情况出发。这样才能让大学生心理健康教育发挥其应有的作用，保证大学生心理健康教育持续、高效、高质量地进行。

（二）发展性原则

大学是很多学生在中学时代的梦想。迈入大学校园后，学生们的视野更加开阔，同时他们的人生观、世界观和价值观也会随着思想的改变而改变，这是一个逐渐发展、成熟的过程。因此，大学生心理健康教育也应以发展的眼光对学生进行教育。

（三）系统性原则

人的心理本身就是复杂的、多变的、因人而异的，想要通过心理健康教育帮助大学生健康成长，就要认识到心理健康教育是一个系统性的工程。从教育的内容、方法、手段来看，仅靠课堂教育是远不够的。我们要在学校开展多层次、多形式、多内容的心理健康教育，满足不同层次的学生的心理需求。

三、大学生心理健康教育的途径

（一）加强心理健康教育课堂教学

进入大学生活以后，很多学生出现心理问题但是自己并没有意识到，这是因为缺乏有效的心理健康教育。大学生心理健康教育作为一门必修课程应当引起学校足够的重视，让学生通过学习发现自己心理方面的问题，并勇敢面对问题且及时向教师寻求帮助。大学生心理健康教育对大学生来说有非常重要的意义，能够有效地降低学生心理问题的进一步恶化的风险，并且能够使学生的心理问题在出现的早期就被解决或者积极地干预。

（二）加强大学生心理健康实践体验教育

实践体验教育是指可以利用第二课堂、校园文化活动等进行心理健康教育活动，包括专家讲座、心理测量、心理剧、团体辅导、主题活动、沙龙讨论等，帮助大学生完成从心理健康教育课堂的理论学习到心理体验实践的转换，引导大学生积极乐观地面对生活、学习、工作、人际中存在的问题，增强学生的自我完善能力。

（三）建立有效的大学生心理健康防护体系

随着生活水平的提高和互联网技术的发展，基本上每个大学生都拥有了手机和电脑。学校充分运用网络媒体和手机载体的功能，可以为大学生心理健康教育提供更好的方法与途径，做好积极的心理干预，建立有效的学校三级心理保健体系，为大学生心理健康保驾护航。所谓三级心理保健体系，一级是专职或兼职心理咨询师定期培训学生心理委员、辅导员，普及心理保健知识，为大学生提供专业的心理咨询、心理测试等服务；二级为班主任、辅导员和任课老师的心理工作，他们可以在工作中发现或注意到学生的心理问题，帮助学生解决一般的心理问题，及时推荐一些大学生去做心理咨询，促进大学生心理健康；三级为大学生同辈互助体系，即建立班级心理委员制，由大学生互助解决人际适应、学习适应等问题。

第三节　心理咨询

一、心理咨询的定义

心理咨询指的是使用心理学方面的知识、原理，对个体的情感、认知、行为等进行积极的干预和引导，进而促进个体的身心健康和事业的发展。

人们遇到心理问题时，一般会寻找专业的心理咨询师来提供心理咨询服务。心理咨询涉及很多方面的专业知识和理论流派，也包括不同的方法论，是一项受很多因素影响的学科。因此，很难从字面上对心理咨询进行统一定义。当前，学界对心理咨询也尚无统一的、标准的定义。从心理咨询的本质来说，作者认为，心理咨询就是心理咨询师使用自己的专业知识解决不同个体心理问题的过程。当然，这是比较笼统的说法，具体可以从不同方面进行理解。

（1）心理咨询建立“求”与“助”的人际关系。心理咨询通常发生在求助者被心理问题困扰且对心理咨询师产生求助意愿的时候，这种关系是自愿的，而非强制性的。尽管不同的理论流派强调的咨询关系类型不一，但“求”与“助”是心理咨询最基础的人际关系。

（2）心理咨询是专业性的职业活动。区别于其他助人性质的职业，例如医生、警察、社工、教师等，心理咨询主要以心理学的理论和方法为指导，同时在实践中融合了医学、人类学、教育学、社会学、艺术等学科的知识。心理咨询作为一个职业，已经有了专业的知识体系、官方认可的职业资格认证和职业伦理守则等，这将心理咨询与一般的助人行为区分开来。

（3）心理咨询解决的是心理或行为问题。心理咨询不是万能的，无法解决人类所有的问题。心理咨询关注人类的心理健康、心理素质、人际关系和社会适应等一系列与心理或行为相关的问题，但不解决生活中的具体实际问题，例如器质性疾病、法律纠纷、财务危机、技能培训等。相关法律和伦理规范对心理咨询的工作范畴也有具体的规定，后面的章节会详细介绍。

心理咨询是一个复杂的、充满活力的实践性活动，促进人类心理健康和心理成长是这一活动的共同目标。因此，从职业性的角度来定义心理咨询，并不是要忽视各理论流派的差异，而是尊重差异性，并体现其殊途同归的特点。

二、心理咨询的起源与发展

（一）心理咨询产生的社会背景

每个时代都有精神疾病患者，每个时代的人都会有心理失调的时候。18 世纪之前，精神病人被看成魔鬼附体，巫师驱魔是主要的治疗方式。当普通人被生活中的问题困扰，出现情绪问题或人际关系问题时，他们往往会寻求宗教的帮助。例如，天主教信仰者主要通过向天主忏悔的方式来解决这些问题，十六七世纪的牧师对他们的教区居民来说，就扮演着心理咨询师的角色。18 世纪中叶，欧洲开始出现政府负责运作管理的精神病院，用来看管和照料精神病人，但很少有精神科医生对精神病人进行治疗。

19 世纪末，从医学、生物学的角度对精神病进行解释的观点开始形成，例如颅相学、性放纵或自慰等，医学上也开始试验采用不同的物理治疗方式治疗精神疾病。一批医务工作者带着对精神疾病治疗的狂热兴趣做了很多开创性的尝试。1887 年，范 · 瑞特格姆和范 · 伊登在阿姆斯特丹开设了一家启发式心理疗法诊所。范 · 伊登对心理疗法的界定是通过在精神上施加影响来治疗身体疾病，其辅助手段是通过一个人的精神影响来推动另一个人精神上的变化。19 世纪 80 年代，法国精神病医师沙可和珍妮特使用催眠术来治疗歇斯底里。催眠术在当时非常盛行，人们认为能够利用催眠术进入正常意识无法触及的精神领域来治愈患者，这拓宽了人类对意识领域的理解，建立了最初的心理治疗模式。1886—1887 年，弗洛伊德和沙可共处了 4 个月后，在维也纳以精神治疗医师的名义建立了私人诊所，并创立了举世闻名的精神分析学说，这也是心理治疗史上第一个较完整的理论体系。精神分析学说不仅开创了心理治疗的新时代，对欧洲的历史文化都产生了巨大的影响。与此同时，欧洲人民经历了第一次工业革命后，社会结构和社会关系都随之发生了变化。从悠闲的乡村生活到紧张忙碌的机械化工作，从原始的家庭结构到孤立的个体，体现在个人身上就是人们应对情绪和心理需求的方式也发生了改变。对于精神疾病的治疗，科学逐渐取代了宗教的作用，未达到严重精神疾病的普通人也不再求助巫师或者牧师，而是开始愿意付费到诊所进行一对一的“治疗”，但不用去精神病院。非精神病人也能够“被治疗”或“被分析”，这种最初的心理咨询与治疗的模式一直沿用至今。

18 世纪末 19 世纪初，精神病科学的发展、社会大众的需求、精神治疗理论的盛行，为心理咨询成为一个职业孕育了可能性。

（二）心理咨询在美国的发展

精神分析学说是非常经典的心理治疗方面的理论，在 20 世纪初广泛流行于美国心理学界，并且也得到大众的广泛关注。随着美国对心理教育、心理测验的重视，现代心理咨询逐渐受到美国民众的认可。另外，美国心理卫生运动的开展也促进了美国心理咨询的普及。

弗兰克·帕森斯在 20 世纪初对美国职业辅导学的发展做出了巨大的贡献，被誉为“辅导学之父”。当时，他在波士顿创建了一个专门的辅导机构用来辅导年轻人的职业选择、规划。职业辅导主要是帮助人们充分、正确地认识自己，以便能够更好地适应社会。

在同一时代，人们通过一本关于精神病人的书——《一颗找回了自己的心》开始关注精神病人，书中批判了社会对精神病人的歧视，唤起了人们的人道主义精神，同时，人们也逐渐认识到心理学研究的重要性。从那时起，美国展开了一场针对社会大众的心理卫生运动，逐步建立起具有普及性的心理咨询、治疗机构，主要为有精神病史的人提供心理服务，使美国大众也可以接受专业的心理咨询服务。

第一次世界大战期间，美国为了筛选心理素质较强的士兵，便开始在军队中使用心理测试系统。战争结束以后，这些系统被广泛地应用于民间心理咨询和职业指导，也为心理咨询评估打下了坚定的基础。到了 20 世纪 30 年代，美国已经在学校中普及了心理咨询服务并提供职业指导服务。

20 世纪 40—60 年代，精神分析学说的学术价值受到当时心理学的主流行为主义的质疑和抨击，来自美国的心理学家罗杰斯创立了“以来访者为中心”的心理治疗方法，对精神分析学说提出了挑战，并提出了研究心理治疗过程和结果的系统方法，出版了专著《心理咨询与心理治疗》。罗杰斯的杰出贡献之一在于他增强了心理咨询与治疗这门应用科学的尊严和地位。1947 年，罗杰斯成为以心理治疗医师的身份就任美国心理学会主席第一人。20 世纪五六十年代是心理咨询理论多样化发展的时期，新的心理咨询与治疗理论不断涌现，其中认知行为治疗理论成为主流，并推动心理咨询与治疗成为一门应用科学。

20 世纪后期，心理咨询行业迅速发展，心理咨询从业人员不断增加。1982 年，美国心理咨询师认证委员会（National Board for Certified Counselors，NBCC）成立，开始对心理咨询师进行国家级认证。截至 20 世纪 80 年代末期，经美国国家认证的心理咨询师约有 17 000 人，但大部分心理咨询师在中小学和大学工作，为学生提供服务。1992 年，美国心理咨询协会成立，心理咨询师的管理条例越来越受重视。20 世纪 90 年代初，心理咨询开始关注人类成长和发展的议题。

（三）我国心理咨询发展现状

中医在我国拥有悠久的历史，是我国传统文化中的瑰宝，其中也包括很多心理方面的知识和思想。中医理论中有很多关于养生的理论，蕴含着心理卫生方面的知识。在中医看来，喜、怒、忧、思、恐五种不同的心理都会引起身体损伤。

由于历史原因，我国的心理卫生事业发展缓慢，曾经一度停滞不前。20 世纪 80 年代，我国开始重视心理健康事业，逐步建立心理咨询中心，其中北京朝阳医院心理咨询中心是我国第一家专业的心理咨询机构，于 1986 年建成。到 20 世纪 80 年代末期，我国高校也开始对大学生进行心理健康教育。

进入 21 世纪，我国制定了《心理咨询师国家职业标准》，并于 2002 年开展了一系列心理咨询方面的培训。2003 年，我国卫生部组织了第一批心理咨询师考试业务，推动了我国心理咨询事业的发展，并为我国心理咨询事业培养了一批专业人才。

心理咨询事业在我国是在曲折中发展的，在发展过程中面临着一些问题，如培训市场管理混乱、培训专业化程度低等，这在一定程度上阻碍了心理咨询事业的发展。2017 年，开始对心理咨询证书进行调整，取消了“国家心理咨询师”和与之相关的认证考试。

改革开放以来，我国经济稳步发展，人们生活逐渐富裕的同时社会关系也在逐渐改变，人们需要适应来自社会不同方面的压力，这对人们的心理健康水平提出了更高的要求。当前，我国心理咨询事业虽然取得了一定的发展，但总体还是处于比较低的水平，还需要克服很多的困难。

（1）心理咨询认证体系不够完善，缺少权威。虽然我国取消了“国家心理咨询师”及其认证考试，但是并不代表心理咨询行业在我国不受重视，只是现在还没有更加权威的认证体系，这对一些从事私人心理咨询的机构来说是非常不利的。

（2）心理咨询市场缺乏有效的管理。在我国心理事业发展过程中，出现了很多从事心理咨询服务的私人机构，但是很多机构或者个人的专业性不高，而且缺乏有效的约束，导致心理咨询师和来访者很难在双方权益都比较安全的环境中开展工作。

（3）缺乏与我国国情相符的理论支撑。我国心理咨询师学习的理论大多来自西方，与我国特殊的历史、国情结合程度不高，导致人们在咨询过程中很难真正得到有价值的信息。

（4）心理理论与具体时间结合度不高。当前，我国很多高校心理咨询专业的师资力量相对薄弱，很多教师并非心理咨询专业出身，而且缺乏实践经验，这对高校心理咨询专业发展来说是非常不利的。

（四）心理咨询的未来

进入 21 世纪，心理咨询作为一个学科，其体系还不够完善，但作为一个服务性的行业，心理咨询以其专业化、规范化和显著的助人效果，越来越得到政府的重视和民众的认可。未来，心理咨询将面临哪些新的挑战，又会呈现怎样的发展趋势呢?

1.关注人类社会发展的新议题

心理咨询的发展与时代的发展是息息相关的，不同的时代人们面临的压力具有不同的特征。随着时代的发展，人们生活的政治环境、经济环境、自然环境等等都会发生改变，这对人们的生活方式和思想会带来很大的影响，同时人类社会也面临着不同的问题，如孤独、衰老、贫困，等等。无论是生活方式、思想变化，还是社会问题，都是心理咨询需要关注的领域。因此，心理咨询行业需要随时关注社会动态，站在不同的角度思考社会问题、社会文化。

2.心理咨询理论的本土化发展

心理咨询行业的专业化、职业化和规范化似乎并没有让心理咨询变得标准化。历史上最具影响力的三大咨询流派：心理动力学、认知行为治疗、存在人本主义，提供了解决心理问题的模板，但仍然存在很多局限，例如过分侧重个体内在因素，忽视了文化背景对个体的影响。越来越多的心理咨询师在尝试整合各大流派思想的过程中，意识到了心理咨询师和来访者双方文化背景对咨询效果的影响，多元文化视角的心理咨询与治疗也应运而生。传统心理学理论带有明显的西方主流文化特征，对于不同文化背景的来访者往往收效甚微。跨文化咨询运动使得人们对传统心理咨询理论的局限性有了更清晰的认识，同时，心理咨询行业和心理学界也受到日益盛行的“后现代主义观点”影响。未来，心理咨询会对心理健康观念、心理咨询方法持更开放的态度，在遵循科学性的前提下，在技术上融合一些带有本土文化色彩的仪式、民俗活动等，以适应不同种族、亚文化、性别、宗教背景下人们的需求。

3.科技的融入

21 世纪，科学技术迅猛发展，人们的生活方式发生了较大的变化，互联网成为人们主要的沟通方式，心理咨询除了可以采用面对面对话的方式，还可以通过电话、邮件、短信和各种 App 进行，咨询变得更便捷。与此同时，科技也在改变传统的心理咨询或治疗的技术，例如运用生物反馈仪进行放松训练，利用眼动脱敏技术进行创伤后应激障碍（PTSD）的干预，利用心理测试软件进行心理评估。近年来，还有研究者利用虚拟现实技术进行恐惧症的治疗。尽管人们对科技带给心理咨询的影响还存在争议，但不可否认，科技将越来越多地参与到心理咨询的过程之中。2004 年，西方的认知行为治疗（cognitive behavioral therapy，CBT）专家发展出 CBT 的计算机程序，即计算机化的认知行为治疗（CCBT），代替治疗师，采用人机对话的方式进行心理治疗，并取得了成功。中国 CBT 专业组织在英国、澳大利亚、美国等比较先进的 CCBT 技术的基础上，经过近 2 年的努力，研发出一套适合国内患者使用的 CCBT 技术，包含走出抑郁、战胜焦虑、远离失眠、直面强迫四项内容，方便个人进行心理自助。也许有一天，智能机器人也能成为一名初级心理咨询师，或者在心理咨询的过程中扮演某个角色。

三、心理咨询的作用和重要性

（一）心理咨询的作用

在高等教育中，教师在给学生传授知识的同时，应当引导学生找到适合自己的学习方法，并且培养学生高尚的道德情操。在步入大学之前，很多学生在自己的学校里都是佼佼者，具有很强的优越感，但是，在大学这个集体里面，这种优越感会突然消失得无影无踪。这时，大学生需要重新对自己进行评价和定位，如果没有正确的心理引导，很多学生就会迷茫、不自信，甚至导致心理疾病。因此，高校教育应当注重培养学生积极、乐观的心态，让学生掌握必备的心理健康知识以便在遇到心理问题时能够进行自我调节，从而勇敢面对学习、生活和挫折。

1.认识问题根源

对于很多有心理困扰的人来说，造成心理困扰的原因主要来自自己内心的矛盾，而外部环境只是矛盾的导火线，这也是心理咨询师需要让咨询者需要明白的地方。通过心理咨询师的引导，咨询者会逐渐认识到心理问题的根源，进而从内心深处消除矛盾、解决问题。

2.纠正错误观念

求助者通常确信自己十分清楚自己需要什么和正在做什么，而实际上并非如此。他们通常以各种非理性的观念来看待事物。通过心理咨询，心理咨询师可以引导求助者审视自己的非理性观念，逐步改变其不合理的思维方式和情感表达方式，使其用理性观念和合理的思维方式来看待事物，学会与外界和谐相处。

3.促进自我认识

心理动力学理论流派的心理咨询师会从潜意识的角度深入分析内心的冲突，探讨来访者的过去与现在的关联。很多时候，来访者的痛苦是模糊的，他们不清楚是什么力量在支配自己，尤其是做了很多自我调节都失败后，容易产生无助感。心理咨询能够通过分析让来访者的痛苦意识化，以增强来访者对自我的掌控。

4.学习技能

心理咨询能够帮助来访者掌握一些人际交往的技巧及调节情绪和缓解压力的方法，来访者可以在咨询过程中进行行为训练，以掌握技能，提升日常生活质量。

5.学会面对现实

一些求助者习惯回味过去或计划未来，通过逃避现实来缓解自己的焦虑情绪；还有一些求助者总是希望客观事物完全按照自己的主观愿望发展。这都是不能客观面对现实的表现。通过心理咨询，心理咨询师能帮助求助者树立面对现实的信心和勇气，引导他们正确面对现实。

6.建立新的人际关系

心理咨询师系统掌握了丰富心理学理论、方法与技巧，能够针对求助者的心理问题采用合适的方式积极回应求助者，促使求助者做出积极反应，从而帮助求助者建立新的合理的行为模式。这种新的行为模式能让求助者正确地表达自己的情感，和谐地与外界相处，进而帮助求助者在人际交往活动中建立全新的人际关系。

对于大学生来说，如果在成长过程中出现心理偏差是非常正常的事情。因此，学生如果发现自己出现心理方面的问题，应当积极、勇敢地面对问题，并且积极向心理咨询师求助，不要因为羞涩、胆怯而回避问题，否则将会出现更加严重的心理问题。心理咨询能够促进学生的成长，使学生心理更加成熟，进而促进学生心理健康发展，同时还能够预防心理疾病，激发心理潜能。对于学校的心理咨询室或心理咨询中心来说，工作的主要内容是引导学生心理朝健康、积极的方向发展，并不是治疗学生的心理疾病。如果判断学生出现了心理上的疾病，应当协助学生寻求专业的心理治疗机构的帮助。

在大学生群体中，一般有三类学生希望接受心理咨询师的指导。第一类是有远大理想，希望自己将来能够发展得更好的学生；第二类是遇到一些心理疑惑的学生；第三类是在心理上有一定障碍的学生。近些年，随着学生心理健康意识的提高，学生们更加注意自己的心理状态，希望通过心理咨询来正确地认识自己、提高自己。因此，很多学生开始主动到学校的心理咨询中心进行咨询，这是我国高校心理健康教育良好发展的一面，也是心理健康教育事业前进的动力。

（二）心理咨询的重要性

人的一生中可能遇到两大类心理危机。第一种是几乎每个人都会遇到的必然性心理危机，是每个人都必须经历、不可避免的，如第一次去幼儿园、升学考试（中考、高考等）、性萌芽、青春期、第一次工作、第一次恋爱、第一次结婚、第一次怀孕与分娩、更年期等。人生中总会有重要的转折时期，很多人都可能在这一时期产生心理危机，如果不能自己顺利度过，也没有亲人、朋友等的支持和陪伴，可能就需要心理咨询。第二种是偶然性心理危机，人生不如意十有八九，每个人都可能遇到天灾人祸，如自然灾害（水灾、地震、龙卷风等）、失恋、离婚、失业、破产、交通事故、虐待、强暴、重要的人或亲人的意外死亡等。遭遇偶然性心理危机的个体，需要及时的心理危机干预和后期的心理康复与重建，很多经历这些危机的个体如果没有得到他人的支持是难以度过的。

世界卫生组织（World Health Organization）的研究表明，自杀是全球 15~19 岁人群的第二大死因，排在第一位的是交通事故。2016 年，全球有近 80 万人因自杀而死亡，其中 79% 发生于中低收入国家。精神疾病是导致自杀的最大原因，其中抑郁症是常见重性精神疾病。

静态地看，人的心理是一种状态；动态地看，人的心理是围绕健康常模，在一定范围内上下波动的过程，心理的动态曲线如图 1-3-1 所示，个体心理的不同状态如图 1-3-2 所示。

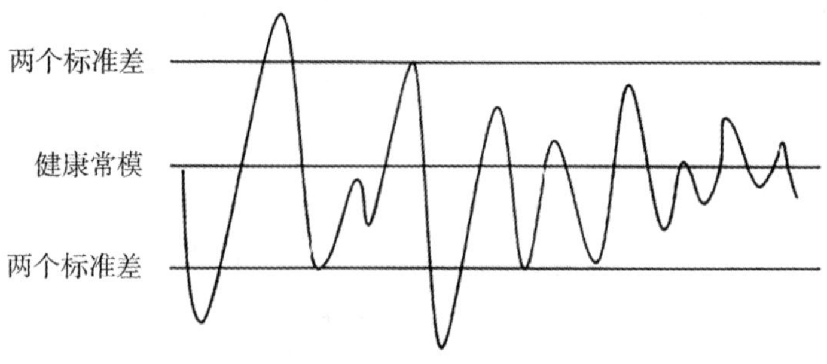

图 1-3-1　心理的动态曲线

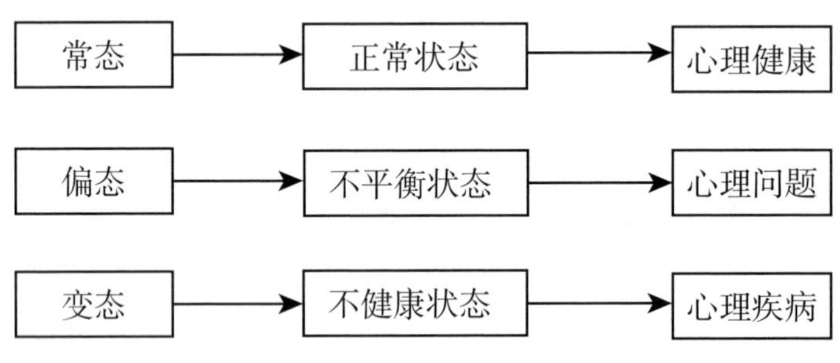

图 1-3-2　个体心理的不同状态

心理状态并非一成不变，它一直处于一种波动的状态，只要波动范围没有超出两个标准差，都属于正常的心理状态。正常个体若出现不平衡状态就是有心理问题，需要接受心理咨询，但并非所有人都需要接受心理咨询，有些人自己能够调整过来，或者能够在身边的人的支持和帮助下调整回正常状态。如果不平衡状态持续时间过久，在自己或他人帮助下仍然不能恢复到正常状态，就需要接受心理咨询，若没有接受心理咨询，则可能转变为心理疾病，就属于不健康状态，即变态状态。

四、心理咨询与心理治疗的关系

心理咨询与心理治疗的界限在很长一段时间里是不明确的，也有学者认为两者不需要区分，因为两者都在帮助人们解决心理问题，并且在理论背景、心理评估的方法和工作原则方面几乎是通用的，所以本质上心理咨询与心理治疗并无区别。讨论心理咨询与心理治疗的关系问题并不是要玩文字游戏，而是有现实指导意义的。这里站在有利于来访者的角度将心理咨询与心理治疗进行区分，两者的区别表现在以下几个方面。

（1）心理咨询强调的是“咨询”二字，因此它更多的是为心理比较正常的群体而服务的，很多需要心理咨询的人一般遇到的都是暂时的心理困扰，虽然对自己有一定的影响，但是影响不深；心理治疗强调的是“治疗”二字，因此它更多的是为有心理疾病的人服务的，长期受心理或精神方面的困扰，大多受心理障碍的影响比较严重。

（2）从治疗方式来看，心理咨询一般是咨询师通过语言沟通来解决咨询者的心理困扰或者问题；心理治疗一般是专业的有职业资格的医生通过药物对咨询者的心理问题进行干预和治疗，这种治疗主要通过调节咨询者的生理功能来缓解心理困扰。

（3）从双方关系来看，心理咨询过程中，虽然咨询师是为了帮助咨询者排除心理困惑或者障碍，但是这种关系是比较平等的；而心理治疗则不同，心理治疗是医生和患者的关系，需要患者在治疗过程中完全听从医生的安排。

对于来访者来说，他（她）可能并不清楚自己需要接受心理咨询还是心理治疗，为了让来访者得到更适合的帮助，心理咨询师和心理治疗师都需要具备心理评估和诊断的能力。对于同一来访者，心理咨询与心理治疗可能同时或者交替进行，这与其病情和心理需求有关。

在我国，心理咨询师和心理治疗师是有明确区别的，从业人员分属两个不同的资格认证体系，考核方式和准入条件有较大差异。目前，两者明显的边界在于是否使用药物和是否求助医疗机构两个方面。在理论层面，“咨询”和“治疗”的字面意义区别不大。

五、影响心理咨询效果的因素和保证

（一）心理咨询效果的影响因素

在关于心理咨询的研究中，对于“疗效”的研究是最多的。20 世纪七八十年代，对于疗效的元分析研究达到了顶峰。在强有力的证据面前，几乎没有人再去质疑心理咨询的效果。心理咨询是如何起效果的？各种理论流派的作用是否有差异？这是研究者所关心的。史密斯等人所做的关于咨询效果的元分析研究的结论表明，没有发现能够证明任何一种心理咨询或治疗的方法比其他方法更有效的证据。在心理咨询领域，学者们通常的观点是：各种不同的方法是同等有效的，心理咨询或治疗要比不接受治疗具有意义深远的益处。

21 世纪初，西方引入“循证心理治疗”的概念，这是西方心理治疗新的发展方向。循证心理治疗是治疗者在意识到病人特征、文化与偏好的情况下，将最佳研究证据与临床技能整合起来进行治疗的心理治疗取向。有学者认为，心理治疗不是单个治疗师的工作，而是治疗过程所涉及的所有主体共同演奏的“交响乐”，其执行主体主要包括 4 个方面。

（1）提供最佳证据的研究者。

（2）拥有临床技能的治疗者。

（3）不同特征、文化与偏好的病人及其家属。

（4）管理者或其他利益相关者。

根据循证心理治疗的观点，下面从心理咨询实践过程的角度讨论影响咨询效果的因素。

1.来访者

来访者的一些特点会影响心理咨询的效果，例如心理问题的类型和严重程度、求助动机的强弱、来访者的人格特质等。

（1）心理问题的类型和严重程度

不是所有的来访者都适合做心理咨询。有些来访者的问题并不是心理因素造成的，例如以生物学因素为主造成的精神分裂、情感性精神障碍、脑器质性精神障碍等，对于这一类精神病患者，心理学的理论和技术在治疗中并不能起主导作用。心理咨询师应该具备异常心理学的基本知识，对精神疾病有识别能力，并及时转介来访者到医疗机构求助。

心理障碍的严重程度与治疗效果之间是负相关关系。对于属于心理咨询范畴的来访者来说，症状越严重，持续时间越长，咨询见效越慢。弗兰克研究发现，心理治疗对焦虑和抑郁症状的改变最为明显，而对躯体化的问题疗效最差。

（2）求助动机的强弱

来访者的求助动机对咨询效果影响较大。被迫来接受咨询的来访者常常是没有求助意愿的，如有些儿童和青少年，迫于父母的压力来见咨询师，往往很难建立咨询关系，导致咨询很难见效。求助动机强的来访者在咨询中表现得更积极，更愿意做出改变，咨询有效果也更好。

（3）来访者的人格特质

许多研究者强调来访者对人际影响的敏感性对于心理治疗的意义。心理咨询是在一种特殊的人际关系中进行的，具有偏执、多疑特质的来访者很难信任咨询师，开放程度较低，咨询效果比较有限。各类人格障碍患者难以在心理咨询中受益。此外，有研究者认为具有 YAVIS 特点的病人较易寻求专业服并较易在治疗中取得效果，YAVIS 即年轻（young）、有吸引力（attractive）、善言谈（verbal）、聪慧（intelligent）和成功（successful）。

2.心理咨询师

心理咨询师是影响心理咨询效果的主要因素，其专业能力和临床经验、人格特质等都会对咨询效果产生直接或间接的影响。

（1）专业能力和临床经验

心理咨询师的专业能力是咨询效果的重要保障。每个国家的心理咨询师认证系统都列出了对心理咨询师专业能力的基本要求。专业能力的获得来源于咨询师的受训背景、经验积累和专业督导。心理咨询师新手和专家的区别并不体现在单次咨询或单个个案的效果上，而体现在多个案例长期的助人效果上。心理咨询师的专业能力和临床经验与咨询效果之间有一定关联。

（2）人格特质

心理咨询师的人格特质是否和咨询效果有关联目前还没有标准的实证研究结论，似乎没有一种专门的咨询师式的人格。站在来访者的角度来看，他们更愿意与有亲和力的、耐心的、温和的、聪慧的、包容的、敏感的心理咨询师进行沟通，深入的交流会让咨询效果更好。心理咨询师自身善良、乐观、坚强、善良、幽默的心理品质可能会给来访者以积极的心理支持或影响。但心理咨询师并不是完美的人，此处探讨咨询师的人格特质主要是从影响咨询过程和咨询关系的角度来考虑的。

（3）其他因素

在心理咨询过程中，来访者和心理咨询师所建立的这种咨询关系实际上一种求助与帮助的关系，这种关系也会影响心理咨询的效果。心理咨询想要取得良好的效果，心理咨询师全面、专业的知识是必不可少的，但仅有知识是不够的，咨询双方平等、信任的咨询关系也是非常重要的一个方面。这种关系的建立与双方的年龄、性别、性格等等都有很大的关系，如果双方在这些方面的匹配度越高，那么咨询效果越好。

咨询结束以后也会有一些因素对咨询效果产生影响。如果来访者咨询结束后能够处在一个顺应心理变化的环境中，那么对心理咨询的效果会产生正面影响，否则就会产生负影响。比如，现在很多青少年由于学习成绩不好，经常受到家长的指责和批评，久而久之产生叛逆心理和情绪，如果在心理咨询结束后依然处在这样的环境，那么咨询效果就会微乎其微。因此，咨询师要从来访者的实际情况出发制定适合的咨询方案。

（二）心理咨询效果的保证

1.来访者主动做心理咨询，发挥主观能动性

心理咨询师一般不会排斥不同类型的来访者。当然，并不是所有人都适合进行心理咨询，需要具备下面几个方面的条件。

（1）智力相对正常。

（2）拥有健全的人格。

（3）能够正常与人交流。

（4）能够完全信任咨询师。

心理咨询的效果与来访者的动机有很大的关系。在日常咨询工作中，有很多学生并不是自愿接受心理咨询的，而是被同学或者老师强制带去的。这种学生一般会比较抗拒心理咨询，对自己的心理状态充满自信，认为自己不可能有心理方面的问题，一般不会积极配合咨询工作，不信任心理咨询师，这就为心理咨询工作带来很大的难度。其实，当人们心理出现问题时，首先应当想到的是向心理咨

询师求助，防止出现心理疾病。如果来访者能够主动进行心理咨询，那么一般都会积极配合心理咨询师的工作，也能够更加快速地解决心理问题。

2.来访者要积极配合咨询师，建立同盟关系

心理咨询师与来访者的目标是一致的，都是为了解决来访者的心理问题，因此，心理咨询需要咨询双方共同努力才能取得良好的效果。通常来说，心理咨询师都有自己主攻的方向，也会有自己的行事风格，如果这种方向和风格与来访者遇到的问题的性格比较匹配，那么咨询师在解决问题时就会游刃有余。每个人遇到的心理问题都是不一样的，咨询师也会使用同样的模式去解决不同的心理问题。因此，在心理咨询过程中，咨询双方应当建立一种工作同盟，这样更有利于咨询师发现问题的本质，从而更加快速、准确地找到产生问题的根源，然后有针对性地进行选择心理引导方案。

3.心理咨询环境和来访者之间的匹配度要高

心理咨询环境包括心理咨询室的设置和心理咨询师的人格魅力等。心理咨询是探寻人心灵的历程，做心理咨询一定要在专业的心理咨询室中进行，专业的心理咨询室可以给人强烈的暗示作用，能够让人放松，有倾诉的欲望。

咨询师个人也要通过个人的人格魅力吸引来访者，对来访者深入地剖析，促进来访者的自我成长。咨询师的个人魅力包括专业形象、业务能力等，这些特殊的气质在心理咨询中给来访者带来信任感、安全感、权威感。咨询师要与来访者先共情后行动，达到心灵上的共鸣，就如心理学家阿德勒所说，将同感比喻为“穿上病人的鞋子（站在病人的立场上），来观察与感受病人的体验”①。专业的心理咨询师会将来访者的个案概念化，将多种咨询方法结合起来，也会随着咨询的过程相应地改变咨询计划。

“领悟”是心理咨询中经常出现的一次术语，“领”表示的是在咨询过程中咨询师主要是对来访者进行引导，“悟”表示的是在咨询过程中来访者要自己进行思考、感悟。这是一个双方相互配合和匹配的过程，如果双方配合得好，那么就会获得更好的咨询效果。

① 申荷永.沙盘游戏：理论与实践[M].广州：广东高等教育出版社，2004.10.

第二章　大学生心理咨询的理论基础

我国的心理咨询与治疗始于20世纪80年代，主要在医疗系统、教育系统、社会机构三种模式中发展，高校的心理咨询工作也随着我国的心理咨询发展不断进步，本章主要介绍了大学生心理咨询的理论基础，分别为大学生心理咨询的基本理论、大学生心理咨询的程序与技巧、大学生心理咨询的方式与方法。

第一节　大学生心理咨询的基本理论

一、焦虑理论

人们产生焦虑受不同因素的影响，焦虑指的就是人们心理比较紧张，对未来可能的威胁过于担忧，从而经常产生烦躁不安的情绪。世界上有一些研究焦虑的理论，其中人们比较认可的有两个，一个是人格结构理论，由著名的心理学家、医生弗洛伊德提出；另一个是特质焦虑理论，由斯皮尔伯格提出。

（一）理论基础

1.弗洛伊德的人格结构理论

弗洛伊德是著名的心理学家同时也是一名精神病医生，他将焦虑再次细分为三个部分，分别是“本我、自我、超我”。在他看来，人们之所以产生焦虑是因为这三个部分没有达到平衡的状态，如果三者的关系非常和谐，那么焦虑自然就消除了。

2.焦虑的特质论

特质焦虑理论认为，焦虑不是单一的，有两种不同的类型，一种是状态焦虑，另一种是特质焦虑。如果人们出现状态焦虑，那么肯定有外部刺激或者内部线索，但是特质焦虑则不需要，特质焦虑一般是源于人们对过去的回忆和体验。

（二）大学生焦虑的咨询

当今世界，社会发展日新月异，从事信息和脑力劳动者的数量激增，致使人们不得不处在越来越快的生活节奏之中。学生在接受学校教育，也同样经常处在竞争加剧的紧张状态之中，会对人体的生理状况产生影响。持续过久的紧张情绪，会给学生的身心健康带来无法估量的损害。

大学生克服过分紧张情绪，有如下几种方法。

第一，学会主动控制情绪。任何人在一定的环境下都会紧张，但是并不是所有人都会克制这种紧张的情绪。想要控制情绪，首先应当对未知的事情有所预判，有一定的心理预期，这样在遇到意外情况时才不会手忙脚乱；其次是要进行自我心理暗示，转移注意力，平复心情。

第二，适当进行体育运动。运动能够放松人们的身心，缓解紧张不安的情绪，使大脑得到放松，非常有助于缓解焦虑。

第三，学会陶冶情操。有很多陶冶情操的项目如书法、绘画等，不但能够提高人们的专注度，而且能够使人们获得精神上的享受。

第四，妥善处理人际关系。日常生活中，任何人都离不开人际交往。良好的人际关系有助于促进学生身心的健康发展，使学生心理处在比较理想的状态。

二、挫折理论

（一）挫折的定义

挫折可以看作人们心理上的一种感受，这种感受来源于人们想达到某种目的，但是因为某些原因而无法达到或者是对自己的要求过高，导致目标过高而无法实现。

遇到挫折是一件非常正常的事情，只有经历挫折才能更好地面对挫折。因此，在制定目标时，要符合自身的实际情况，不可过高也不可过低。

（二）大学生挫折的咨询

1.学生易受挫折

大学生处在相对稳定的学校环境中，心理承受能力相对比较脆弱，挫折一般来自下面几个方面。

（1）学业方面。如成绩不理想、专业不喜欢、学习环境与自己想象的不一样等。

（2）人际交往方面。如与父母观念不合、经常受到老师的批评、同学关系不融洽、知心朋友较少等。

（3）爱好和理想方面。如由于观念不一样，父母不喜欢自己的爱好或者理想过于远大，超出了自己的能力范围。

（4）自尊心方面。如在日常生活、学习中，经常被同学蔑视、欺负；在班级竞选中落选等。

2.帮助学生掌握处置挫折的方法

第一，培养学生正确的世界观、价值观和人生观，让学生能够正确地看待挫折，积极地面对挫折，然后努力克服挫折。

第二，转移学生的注意力，让学生的心情恢复平静，消除消极情绪，然后再分析挫折。

第三，引导学生将情绪适当地发泄出来，然后总结经验，科学合理地应对挫折。

第四，鼓励学生进行心理咨询，帮助学生减少挫败感，防止出现心理障碍。

第五，加强学生的心理健康教育，提高心理承受能力。

第二节　大学生心理咨询的程序与技巧

一、预约与接待

在心理咨询机构，专门的预约与接待岗位已成为常规机构设置。接待员是来访者来到心理咨询机构首先交流的工作人员。他们和来访者的交流是心理咨询机构最先展示专业性的重要环节。如果接待员缺乏专业性知识，不仅会使来访者感到不舒服，还可能给来访者带来伤害，甚至导致来访者放弃寻求专业帮助的愿望。在高校心理咨询中心，接待员一般由机构行政人员或招聘的专职人员担任，在上岗前必须接受适当的培训。

（一）预约与接待工作的意义

在来访者看来，前来预约就已经开始了求助过程。对于心理咨询这个特殊的服务行业而言，预约与接待工作的意义非同寻常。

1.有助于保证来访者在寻求专业服务的第一时间与机构建立联系

与寻求其他服务不同，在决定求助咨询机构的最初阶段，来访者的心情通常是十分复杂的，他们既希望得到专业帮助以解决自己无法克服的问题，又有些担心、犹豫。此时，多数来访者抱有试探心理，不知道自己联系的机构能否帮助到自己，不确信接待自己的咨询师是否值得信任。心理咨询机构设置接待员可以保证在来访者尝试与机构联系时有工作人员接待。这种在求助时就有人应答的心理体验是非常重要的，不仅能缓解来访者的紧张和焦虑，而且能促进来访者前来咨询。特别是如果来访者处于危机状况，接待员还可以对其做出相应的紧急安排或将其转介。

2.有助于最大限度地发挥心理咨询师的专业效能

接待员最基本的工作任务是为来访者完成咨询预约，即具体约定来访者在什么时间与哪位咨询师会面咨询。在预约之前，接待员要做的工作是对来访者进行初步筛选，将那些明显不属于心理咨询服务范畴、不适合在本机构接受咨询的来访者进行转介。在安排预约时，接待员通常会基于来访者的需求以及对咨询师的专长、咨询经验和工作时间的了解，安排合适的咨询师为来访者提供服务。这样可以在相当大的程度上提高咨询师与来访者之间的匹配性。无论从来访者需求的满足，还是从咨询师专业效能的发挥上来说，预约环节都是极为必要的。

3.有益于保障心理咨询机构日常工作的良好运行

咨询关系是前来求助的来访者与作为机构代表的咨询师之间建立的专业关系。来访者与咨询师除了在开始接触时需要接待员帮助配对预约以外，在以后的咨询过程中也有需要接待员帮助协调的情况。例如，咨询师或来访者临时有特殊情况不能来咨询，接待员就要与双方沟通并重新安排预约，这样才能避免咨询师与来访者发生专业会谈以外的社会联系。正是在接待员的妥善安排下，咨询机构的工作才能井然有序，避免杂乱无章的状况，这有益于帮助来访者建立内心的确定感和安全感。

接待员在心理咨询机构里的“地位”极其特殊，只要是在咨询机构的工作时段，来访者和咨询师都确定接待员一定在咨询机构工作。这种安定感对于来访者和咨询师都是非常有意义的。因此，作为咨询机构的基本设置，接待员应保持相对稳定，且熟悉服务机构的基本状况，这样有利于机构工作的良好运行。一杯清茶，虽然普通但常常给人带来一种温暖的感觉，有助于营造心理咨询机构的人文关怀氛围，让来访者获得在咨询机构以外不同的内心体验，为后续的咨询过程奠定良好的基础。

（二）接待员的基本任务

接待员最基本的工作是帮助来访者与咨询师配对预约，进行预约登记，为专业会谈的顺利进行做好保障工作。

1.预约

接待员的首要工作是为来访者完成预约。来访者预约咨询主要有三种途径：打电话预约、直接来咨询机构询问、通过咨询机构的网络平台在网上预约。尽管预约的最终目的是接待员为来访者确定具体在什么时间与哪位咨询师会面，但预约过程却因人而异，并不简单。无论来访者通过哪种途径与咨询机构联系，接待员通常按照以下程序完成预约工作。

（1）初步判断是否属于心理咨询服务范畴

由于大众对心理咨询服务尚缺乏正确认知，所以前来求助的对象不一定属于心理咨询服务的范围。例如，有的来访者是为了寻求职业介绍或残疾救助等。接待员要根据实际情况做出初步判断，如果来访者求助的问题明显不属于心理咨询的范畴，接待员就应向来访者进行简单解释，告知其心理咨询可以做什么、不可以做什么，并予以转介。

（2）初步判断是否属于危机情形

接待员是第一个与来访者接触的人员，因此，必须具有一定的危机判断能力。对于一些属于危机情形的来访者，接待员需要发挥自己的主观能动性，首先进行必要的心理安抚，其次立刻报告给专业的心理咨询机构，请求心理援助。

（3）帮助来访者消除顾虑

当前，还有很多大学生不了解心理咨询，并不清楚自己是否有心理方面的困扰或者问题，即使寻求心理咨询帮助也对心理咨询充满疑问。这时，接待员当及时发现来访者的疑问，认真解答来访者的问题，消除来访者的心理顾虑。如果接待员对来访的问题没有任何的回应，那么会增加来访者的不信任感，进而降低咨询效果。

（4）合理匹配咨询师和咨询时间

大学生虽然时间相对自由，但是也有很多课程需要学习，因此，接待员应当首先了解学生的具体情况，根据学生的情况匹配适合的心理咨询师，并且明确具体的咨询时间，这样既提高了工作效率，又提升了学生的满意度。如果遇到咨询师时间不确定的情况，应当及时向学生说明情况，并做好登记，随时与学生保持沟通。另外，应当将咨询师的具体情况张贴在比较显眼的位置，这样也可以让学生自己选择与自己匹配的咨询师。

2.文件填写

高校心理咨询中心要为每一位前来咨询的大学生（即来访者）建立档案，作为工作记录保存。为了有效地利用面询时间，也为了来访者在知情同意的情况下接受心理咨询，咨询机构通常要求来访者在预约时填写“咨询申请表”，并签署

“咨询协议书”。如果来访者通过电话或网络预约，接待员通常要求来访者在首次咨询时提前 15 分钟到咨询机构填写相关文件。

（1）填写“咨询申请表”

“咨询申请表”包括来访者的基本信息、家庭背景以及自诉的主要问题等内容，各咨询机构可以根据所接待来访者群体的特点来自行设计。高校心理咨询中心通常采集大学生来访者的姓名、年龄、年级、学习的专业、家庭基本状况以及来自城市或农村等基本信息，还有既往心理咨询经历、重大事件、家族精神疾病史以及求助的主要问题等。

一方面，“咨询申请表”有助于咨询师对来访者的情形有初步的了解和判断，在与来访者初次会谈之前进行简单的准备。另一方面，咨询师在咨询中收集来访者的基本信息是非常有必要的，逐一询问难免有“查户口”之嫌，而利用申请表提供的信息，咨询师就可以快速获知来访者的基本情况，从而能缩短建立关系的时间。

（2）签署《咨询协议书》

《咨询协议书》书面文件的签署是心理咨询专业化、职业化发展的重要标志之一。协议书一般包括心理咨询的基本原则、来访者的收益与挑战以及咨询师的职责等内容，特别是对保密原则以及突破保密协议的若干情况等有较为具体的介绍，这些都是来访者知情同意的重要内容。

咨询师和来访者签署《咨询协议书》，标志着双方建立了正式的专业关系，这不但明确了咨访双方在咨询过程中各自的责任，而且规定了专业关系本身的约定和限制，使咨询过程在一个比较清晰的框架下展开。这是产生咨询效果的重要保障。

3.文档管理

文档管理是接待员的重要工作职责之一。文档管理的规范化和制度化不仅是咨询机构日常工作良好运行的需要，还是心理咨询专业化发展的必然要求，这一工作通常由接待员负责。

咨询记录的管理是文档管理的重点。通常来讲，咨询机构要对每一位来访者建立咨询档案（包括预约登记表、来访者基本信息登记表、来访者咨询录音及录像协议书等其他文档资料），并妥善保管。心理咨询机构对咨询记录如何保管、谁有权利查看咨询记录等问题应该有相应的规章制度，这是对来访者保密权益的重要体现，接待员应严格遵照执行。

（三）初诊接待的技巧

1.初诊接待前的准备工作

初诊接待要做好来访者来访之前的各种准备，这些准备包括：环境的准备，如咨询空的布置等；咨询师的准备，如仪态仪表、理论基础与经验积累、心情和状态，以及对来访者的了解等。

（1）环境的准备

合理设置心理咨询场所，应给人平和、舒适、干净的整体感觉。咨询室应有足够的面积，一般以 10 平方米左右为宜，同时要具有保密功能，并配置足够的座椅。

（2）咨询师的准备

咨询前，在预约时间就要到之前，咨询师要有充分的时间做准备，思考还需要做哪些准备，如自己的衣着是否得体，咨询室的座椅摆放是否合适等。

①仪态仪表

咨询师应表现出咨询人员应有的仪态，服装整齐、坐姿端正、表情平和；与来访者会谈时，坐姿应表现出与来访者平等的关系，对来访者感兴趣；保持正常社交距离；注意言语和非言语交流技巧的使用，目光自然、直接，不时点头。

咨询师的穿着并无明确的规范和要求，但不需要太过于正式。若咨询师的着装风格一向都是比较正式，这样也没问题，但是要自始至终一直保持这个风格，不能在一个咨询个案未结束前改换风格。

女性咨询师的服装和发型要端庄、合适、得体，男性咨询师的服饰和发型要整洁、舒适、得体。虽针对咨询师没有衣着要求，但是也不能过分随意或者暴露，比如穿着拖鞋，不管男女咨询师都不合适。男性咨询师不建议穿短裤，尽量不穿无领 T 恤，如果穿着衬衫或者带领子的衣服，不一定穿西装系领带，西裤、休闲裤、牛仔裤都可以。女性咨询师的裙子尽量过膝盖，衣服不要露出肩膀，尽量不要穿过于暴露或者花哨的衣服，以舒服、得体为宜。女性咨询师切忌过分摇晃头发或者摆弄头发，这些都可能给来访者一些错误的信号。

心理咨询室的一般设置如图 2-2-1 所示，应简洁、温馨、充满生机。咨询室的色调一般不需要过于灰暗或者过于明亮，大红大绿都不合适，以柔和的色调为好。咨询室的物品摆放整洁、有序，咨询师的私人物品尽量少出现，必要的时钟、水和纸巾放在来访者能够看到和触及的位置。

图 2-2-1　心理咨询室的一般设置

咨询师的坐姿、座位和与来访者的空间距离并没有十分的明确的要求。很多欧美国家的咨询师经常选择面对面坐，如果咨询师和来访者是面对面坐，中间不能隔着桌子或者其他物品，当然，隔着沙盘面对面坐是很通常的做法。是否一定选择 45° 角的座位也应根据情况决定，有些来访者喜欢距离远一些，有些喜欢靠近一些，尽量使双方觉得合适。来访者坐在什么位置相对来说比较固定，很多咨询室都安排了两把同样的椅子，其中一把椅子是固定给来访者坐的。

②理论基础与经验积累

咨询师的理论基础与经验积累主要包括对来访者所求助问题的相关知识的了解程度以及是否有类似个案的接待经验等。如果是大学生进行咨询，咨询师应了解大学生的心理以及学业和就业对大学生的心理影响等理论知识。如果实在难以胜任，可以考虑转介。

每一位咨询师的受训经历和背景都不一样，每一位咨询师都有自己擅长的理论以及擅长的咨询领域。咨询师并非万能的上帝，并非任何问题都能处理得很好。咨询师可以尝试和挑战自己，这是值得鼓励的，但是如果真的不擅长或者处理了却未成功，转介是正常和必要的方式。

③心情和状态

咨询师初诊接待来访者，要设法使自己心境平和、注意力集中。

咨询前的心理状态是所有咨询师应该重视的，是咨询前最重要的准备内容之一。如果咨询师不能在咨询前调整好自己的心理状态，就不能专注和集中到当前的咨询中，必然会影响咨询时的有效倾听和共情。一个热爱工作、热爱咨询、热爱来访者的咨询师，肯定会尊重和认真对待来访者的每一次来访。

④对来访者的了解

在接待来访者之前，咨询师需要对来访者是谁、咨询什么问题有大致的了解。除此之外，开始谈话后，还可以从当事人处直接获得重要信息。

来访者求助的途径。来访者是主动求助，还是被动求助，或者是被强迫来咨询，这对于咨询过程非常重要。

来访者的态度和情绪。咨询师要注意来访者不切实际的期望，给来访者安全的环境，和来访者一起努力克服对改变、揭露内心世界等方面的抗拒。

来访者的预期和反应准备。咨询师应努力了解来访者的预期，并纠正不恰当的预期，建立正确的预期。

2.接待的工作内容和程序

初诊接待的工作程序大致可以分为三步：首先，表明态度，区分来访者的问题是否属于职能范围，判断来访者是否有异常心理活动。判断异常心理活动的三个原则：（1）主观世界与客观世界的统一性原则；（2）精神活动的内在协调一致性原则；（3）个性的相对稳定性原则。其次，说明性质，解释过程。说明心理咨询的性质、来访者知情同意。最后，协商咨询方式，协商就诊次数，协调可能的心理测量项目。

具体工作程序和内容如下。

（1）礼貌地接待

不仅是初诊接待，每次来访者到访，咨询师都应该起立迎接来访者，并单手示意指定来访者的座位，语气平和地打招呼。

（2）间接询问

咨询师应间接询问来访者希望得到哪方面的帮助，不可直接逼问。

（3）表明咨询态度

询问咨询结束后，咨询师就要根据来访者描述的问题，明确是否能向来访者提供相应的帮助。

咨询师应根据来访者问题的类别，确定是否属于心理咨询的工作范围。各种情绪障碍、各类心身疾病、长期慢性躯体疾病、某些精神病的早期诊断和鉴别都属于临床精神病学治疗范畴，性变态与性功能障碍、儿童心理障碍、其他医学问题都属于心理问题。咨询师也可适当给来访者介绍心理卫生知识，康复期、伤残病人的心理指导，以及精神疾病防治的指导。

需要注意的是，如果来访者的问题不属于咨询的范围，咨询师则应耐心地加以解释，谨慎介绍到相应的医疗机构诊断治疗。如果怀疑来访者是由躯体疾病引发的心理问题，可建议来访者到相应的临床科室做检查。

（4）说明心理咨询的保密原则

不管是初始咨询，还是在咨询过程中和咨询结束时，咨询师都需要反复向来访者说明心理咨询的保密原则。

（5）说明心理咨询的性质

初诊接待中，咨询师要强调心理咨询的性质，说明心理咨询是什么，不是什么；能做什么，不能做什么。

（6）说明来访者的责任、权利与义务

来访者有权选择心理咨询师以及确认他的职业资格，有权知道收费标准，有权终止咨询。来访者亦有义务如实向心理咨询师说明情况，提供与自己心理问题有关的真实信息；有义务按照共同商定的时间表进行工作，如有更改要事先通知；有义务按时完成家庭作业，不与心理咨询师建立咨询以外的任何关系。

（7）确定咨询方式

初诊接待时，咨询师经过与来访者的交谈，了解咨询目的，说明咨询保密原则，介绍咨询性质和来访者权利、义务，双方协商，根据咨询师擅长的咨询方式及来访者问题的特点，最后确定使用哪种咨询方式。

二、初始评估

（一）初始评估的目的

在正式咨询会谈开始以前，咨询师对来访者进行初始评估是非常有必要的。因为前来求助的来访者不一定是心理咨询的对象，不一定适合与该咨询师进入咨询过程。初始评估的主要目的是快速获取信息，以决定是接受求助者进入正式的心理咨询过程，还是予以转介。

从咨询师的角度来讲，这是职业伦理的基本要求，咨询师只能为适合心理咨询且自己能够胜任的来访者提供服务。从来访者的角度来说，这也是为来访者的利益考虑。咨询师有必要通过专业评估尽早做出判断，如果心理咨询无法提供来访者需要的服务而盲目进入咨询过程，不仅咨询过程会遇到阻碍，而且很难取得令来访者满意的效果。

（二）初始评估的任务

2013 年 5 月 1 日起施行的《中华人民共和国精神卫生法》明确规定：心理咨询师不得从事心理治疗或者精神障碍的诊断、治疗，心理咨询人员发现接受咨询的人员可能患有精神障碍的，应当建议其到符合本法规定的医疗机构就诊。很显然，这一规定对初始评估提出了更高的要求。

1.判断来访者的问题是否属于心理咨询的范围

心理咨询是借助心理学知识与手段对人的心理因素进行干预，因而只有那些心理因素是其痛苦的原因或心理因素起重要作用的人才适合进行心理咨询，并非所有有心理障碍症状的人都适合。哪些情况不适合进行心理咨询呢?

（1）以生物学因素为主要病因的人不适合进行心理咨询。例如，精神分裂症、情感性精神障碍、脑器质性精神障碍等精神疾病患者。

（2）虽然心理因素是主要因素，但其在主观上未感到痛苦，对自己的疾病状态缺乏自知力，而且没有求助动机的人不适合进行心理咨询。例如，偏执型或反社会型人格障碍患者。

咨询师要全面了解来访者的疾病史、个人生活史等信息，进行初步的心理评估。若发现来访者有心理障碍、精神障碍的症状或现象，要及时将其转介到医疗机构进行诊断。

2.判断来访者的情形是否需要紧急危机干预

尽管咨询师并不需要对每位来访者进行危险性评估，但是在初始评估时一定要有危险性评估的意识，特别是当来访者出现明显的冲动、无助或绝望等负性情绪时，必须要对其进行危险性评估。只有经过专业判断后不属于危机情形的来访者，咨询师才能按照心理咨询的常规程序对其提供咨询服务。一旦属于危机情形，咨询师务必启动危机干预机制，必须根据实际情况进行相应的紧急处理。通常来讲，对于有危险性的个案，咨询师必须在咨询完成后立即填报“咨询机构危机个案情况表”登记备案。如果是比较严重的个案，除登记备案以外，咨询师还要与咨询机构专职人员通过电话或当面通报情况，及时启动危机干预程序，展开相关的工作。对于这种情况，咨询师要事先告知来访者，向来访者解释突破保密原则的原因，并耐心地进行解释以征得来访者的知情同意，此外还要与来访者商定紧急联络人等事宜。

3.评估自己能否有效地为面前这位来访者提供服务

每位咨询师都有个人的局限性，并非能对所有的来访者提供服务。一方面，受制于咨询师的专业训练和实践经验，特别是对于咨询新手来说，如果接手过于复杂的个案又缺乏督导，就很可能出现问题。另一方面，每个人都有自己的弱点，如果来访者的问题和价值观确实是咨询师目前无法接受的，那么最合适的处理方法是将来访者转介。

4.评估来访者在知情同意的情况下对心理咨询的接受程度

咨询师有责任帮助来访者了解心理咨询的流程、来访者在心理咨询过程中的权利和责任以及心理咨询的原理，评估来访者在知情同意的情况下接受心理咨询的意愿。前来求助的来访者不一定都适合进行心理咨询。如果来访者没有求助动机、不想付出任何努力去改变、不善于体验和领悟、不信任心理咨询，他就很难从心理咨询中受益。

由此可见，初始评估的任务是为做出是否接案决定这一目的而服务的，重要的是通过评估做出专业判断，从而做出是进入正式的咨询过程还是予以转介的决定。

（三）初始评估的基本方法

在完成初始评估任务的同时，建立良好的咨询关系、营造适宜的会谈气氛是咨询师头等重要的事情。会谈不仅包括交谈，同时还有会面。咨询实务经验表明，所有会谈的基调通常在初步接触的第一瞬间已经确定，咨询师与来访者之间的第一次会面对于助人关系的双方来说都是一种检验。在一般的社会交往中，人们早已熟知第一印象的重要性，在心理咨询中也不例外。细心的咨询师通过观察可以获得很多重要信息，成为理解来访者的线索。

1.仪表和行为

在任何场合，仪表和行为都是给人的第一印象，心理咨询同样如此。当心理咨询师见到来访者时，首先会观察来访者的仪表和行为，当然，这种观察往往是相互的，这也可以看作双方的首次互动。通常心理咨询师会观察仪表是否得体，行为举止是否正常，目光是否自然等等。

2.情绪状态

情绪能够反映一个人的心理状态，也是心理咨询师关注的重点。通常来说，心理咨询师会通过谈话来逐步了解来访者近期的生活状态、事件等等。在这一过程中，来访者会自然地产生一些情绪，这些情绪能够为心理咨询师提供一些更加真实的信息，也是判断来访者提供信息准确性的主要来源。

3.言语沟通过程

在咨询双方开展信息交流的过程中，内容是一方面，表达方式也是很重要的一面。比如，来访者有无刻意回避咨询师的一些问题，整个表达过程是否流畅平稳，有无出现一些不恰当的词语，手势动作是否与内容相符等等。心理咨询师一般观察的都是一些细节的东西，这些细节为心理咨询师提供了一些发现问题的线索，同时，通过这些细节，咨询师可以了解来访者的心理状态，进而分析来访者的真实生活状态。

4.身体姿势

在心理咨询的过程中，心理咨询师一般会营造一个安静、放松、信任的环境，这种环境能够让来访者更加真实地展示自己真实的一面。在这样的环境中，来访者的姿势、动作、表情等都无须刻意掩饰，这样更能表现出来访者的性格特点，同时也能够看出来访者对新环境的适应程度。通过观察来访者的身体姿势，咨询师能够随时调整引导策略。

5.社会和个人空间

在咨询室里，座椅摆放的位置通常是固定的，咨询师与来访者之间的距离也是相对固定的，但有时还是可以看出不同来访者的一些细微差别。例如，有的咨询机构里摆放的是转椅，惯常的方式是呈直角位，目的是方便咨询师与来访者之间可以相对避开目光直视，避免给来访者带来很大的压力。不过，有的来访者一坐下就直接把转椅转向咨询师，甚至会拖动转椅距离咨询师更近；有的来访者习惯坐得离咨询师更远一些，如果坐在沙发上，就会靠在远边的沙发一侧。

6.对周围环境的情绪反应

在心理咨询过程中，尽管相关的设置是非常严格的，但是仍然会因为各种原因而发生变化。这时，来访者对变化产生的警觉、烦恼以及应激反应等，就成了咨询师了解来访者的重要线索。

当然，还要特别注意非语言行为。来访者的非言语行为常常是来访者自我表达的重要途径，是咨询师探查对方情绪的重要线索。在很多情况下，非言语行为具有重复、加强言语信息的重要作用，甚至可以替代言语信息，是重要的补充说明。最为关键的是，人们通常更能意识到自己所说的话，而不是自己的非言语行为，有时在别人看来是明显的非言语行为，自己却觉察不到。非言语行为比言语信息更能泄露秘密，特别是在与言语信息矛盾时，咨询师通常更相信非言语信息。

（四）心理评估与心理诊断

1.心理诊断的定义

根据 Corey（杰拉德·科里）在其著名的教科书《心理咨询与治疗的理论及实践》[①] 上的观点，他认为心理诊断是对当事人问题的分析与解释，包括解释当事人困扰的肇因、描述这些问题如何随时间而发展、归类为某种疾病、阐明优先的处置程序，以及估计成功解决的机会。他并且认为心理诊断并不是最后的归类，它是提供一套工作假设来指引实务工作者了解当事人，因此，诊断始于接案晤谈，并持续整个治疗过程。

在专业心理学界，有一组描述心理诊断的相关名词，包括心理评估（psychological evaluation）与心理衡鉴（psychological assessment，又译心理测量）。就实务工作上的考察，心理治疗师倾向于使用比较医疗化的专有名词，像是心理衡鉴与心理诊断。心理咨询师则倾向于使用比较非医疗化的名词，像是心理评估等。

2.心理评估与心理诊断的关系

通常情况下，收集了足够的信息且评估完成后，咨询师会对初始问题形成一个初步的答案，将这些信息与来访者或者其家属进行交流，征得其同意或者授权，然后开始制定咨询或者治疗的方案。交流这些信息，既是评估过程的一部分，也对来访者具有一定的治疗效果。随着来访者对自身和周围环境了解程度逐渐加深，他们的症状也会随之得到改善。例如，当学生发现自己每天玩手机、打游戏的实际时间远远高于自己的估计时间，那么他随后就会对此有更多的控制。评估的一个重要功能就是确定对个案的诊断。

再来看心理诊断，由于“诊断”这一概念过分强调了结果而忽视了过程，所以，随着学科的发展，为了更确切地说明治疗之前的决策过程，目前多采用“心理评估诊断”这一概念。

“心理诊断”与“心理评估诊断”虽然就内涵方面都是以观察法、会谈法、

---

① （美）Gerald Corey 著；谭晨译．心理咨询与治疗的理论及实践 第 8 版 [M]. 北京：中国轻工业出版社，2010.01.

实验法或测验法来获取临床资料，并通过对资料的分析对来访者的心理状态和个性特征作出判断，但由于工作对象和任务的不同，所以使“心理评估诊断”这一概念在外延方面形成广义和狭义两种理解。广义的心理评估诊断，既涉及正常成人和儿童的心理与个性的测评，也涉及精神病人的辅助诊断。狭义的心理评估诊断则是专门为临床心理咨询和治疗而进行的心理测评工作。

三、心理会谈

（一）心理咨询专业会谈的界定

大部分人们认为心理咨询也就是一个对话的过程，和自己在生活中对他人的劝解一样，所以劝解也可以看作是心理咨询。同时，现代的影视剧和媒体报道中对心理咨询的演绎和解释并不专业，并且朝着庸俗化的方向发展，所以就更容易对心理咨询产生误解。所以，下面我们就从专业会谈的解释来介绍心理咨询的基本特征。

1.什么不是专业会谈

（1）如果只是类似于日常生活中的交谈，就不是专业会谈

在现实生活中，我们不开心时会找朋友倾诉，这确实能够在一定程度上舒缓心情。但日常生活中的交谈通常是双向的，作为劝解的一方既有可能站在当事人的角度同仇敌忾，也有可能站在自己的立场上对当事人指责批评，甚至可能为当事人出谋划策、越俎代庖。虽然当事人可能很快就找到了行动的方向，但这不是专业会谈。

（2）如果只是仅仅给予安慰，就不是专业会谈

诸如“事情很快就会过去”“我相信你一定能行”等安慰话语，确实听着舒服，还可能带来依靠与轻松，但这不是专业会谈。专业会谈不是通过这些空泛的安慰来帮助来访者，而是通过倾听和共情来促进来访者进行情绪宣泄和自我探索。来访者可能因为看到了咨询师愿意陪伴他一起面对问题，感受到了咨询师对自己的理解，并深化了自己对自己的理解，从而发现问题的转机，来访者由此得到的帮助是不一样的。

（3）如果只是提供信息，就不是专业会谈

有时候我们之所以感到自己无法解决自己的问题，可能是因为缺乏某些信息或者看问题的视角需要调整。在这种情况下，虽然经他人指点后可能豁然开朗，但这不是专业会谈。在专业会谈里，咨询师通常会帮助来访者理解面前的问题和处于困境中的自己，和来访者一起发现寻获信息的途径，并帮助来访者提升发现和利用信息的技能。

（4）如果只是为了对所教诲的人提供教导，就不是心理咨询

为他人提供帮助的形式有很多种，可能是教诲对方改正错误，也可能是指引对方正确的方向。涉及对错就一定有所评判，但心理咨询不是评判。当然，这并不是指心理咨询不辨是非，而是表明心理咨询的主旨在于理解。来访者大多有一种倾向，请咨询师判断自己对不对、应该不应该。咨询师要做的是帮助来访者理解自己所谓的对与错、是与非，进一步澄清自己真正的需要并做出满足需要的选择。

2.什么是专业会谈

（1）专业会谈起因于来访者的主动求助

一场专业会谈开始的原因只能是来访者的主动求助。在会谈的过程中，咨询师和来访者需要互动起来，但是也要明白专业会谈也具有单向性，因为会谈的目的就是为了帮助来访者，这种咨询师和来访者关系的建立是在来访者主动来咨询的基础上的。如果双方只是进行交流或者咨询师先于来访者的主动求助提供帮助，这些就都不是专业会谈。

（2）专业会谈有明确的目标

专业会谈的目的性很强，必须要有一个明确的目标，然后会谈的整个过程都要围绕这个目标展开。会谈的不同阶段和主题下，一切的谈话都是为了咨询目标服务的，这样一个有指向性的会谈才会有成功的咨询效果。相反，如果咨询师和来访者的会谈过程漫无目的、没有逻辑，只会东拉西扯，那么会谈效果就很难达成。

（3）专业会谈包含双方的心理接触

心理咨询会谈一定深入到心理接触。来访者是脆弱的或焦虑的，处于不协调

状态，但咨询师是协调的、统整的，代表专业机构提供专业帮助。咨询师对来访者提供无条件关注，与来访者的内心世界共情，且努力向来访者传达理解，由此有效地促成来访者的良性改变。

（4）专业会谈不涉及强加个人价值观

在心理咨询过程中，咨询师保持中立的态度。咨询师是来访者的倾听者，不会妄加评判、忠告，咨询师不会因为个人的兴趣和好奇就任意中断或引导来访者的谈话。咨询师会充分尊重来访者的选择，对于来访者避免谈及的或不愿透露的，咨询师不会强迫追问，而是试图去理解。咨询师相信来访者可以为自己做出负责任的选择。

心理咨询的会谈和我们平时的谈话交流是不同的，具有很强的专业性。参与会谈的咨询师都要经过专业严格的学习和训练才能接待来访者，会谈的进行也要有固定的时间和地点，这样才能更好地促进会谈过程的顺利进行，达到良好的会谈效果。

（二）心理咨询专业会谈必备的要素

1.心理咨询的专业设置

所谓专业设置，是指一套专业行为准则，用以界定咨询环境中咨询师与来访者的角色，区分心理咨询关系与其他关系的不同。心理咨询过程充满强烈而复杂的情绪，依循架构可以营造安全的环境。

（1）固定地点

心理咨询会谈一定是在咨询机构内的咨询室进行的，以不被打扰为基本原则，咨询师和来访者双方都感到舒适。这种稳定的、一致性高的安全环境有助于来访者集中注意于内心世界。

（2）固定时间

一般情况下，一场咨询的面谈时间安排在 50 分钟左右比较科学。同时，咨询的频率最好是一周一次，这也是现在咨询行业普遍会遵守的安排。来访者的情况不同，因此咨询的时间和频次也不相同，有的可能只需要进行一次咨询就可以了，但有的来访者可能需要一年甚至几年的时间来进行心理咨询。

（3）谈话内容

每一次心理咨询都要有明确的目标和主题，不能漫无目的、随心所欲。因为咨询师给人咨询是收费的，来访者付费来咨询，就是客户，咨询师就要根据来访者的需要进行会谈。在专业会谈的过程中，需要咨询师和来访者不停地互动，并且这种互动的指向性是来访者，即使有时候咨询师会进行自我表露，但是其实也是服务来访者的辅助手段。

（4）角色分工

在咨询的专业会谈中，咨询师和来访者都有自己的角色和职责。咨询师主导会谈的流程和走向，所以有责任运用自己的专业来帮助来访者解决问题，但是这种解决并不是咨询师代替来访者进行问题的解决或者重要选择的抉择，不能越俎代庖。只有当来访者自己愿意主动改变才能达到咨询的效果，如果来访者并不愿意做出改变、面对正视自己的问题并积极解决，那么咨询的效果也就很难达到。

2.咨询师的专业素养

（1）咨询师的专业训练与从业资格

只要不是在心理咨询的服务范围之外，前来寻求专业帮助的人都可以成为来访者，但是咨询师却一定要经过良好的专业训练并具有从业资格。咨询师的专业训练背景和专业素养是确保专业会谈品质的重要保障。

（2）咨询师的尊重和接纳

咨询师的尊重和接纳为来访者提供了实现自我潜能的环境或条件。咨询师的尊重和接纳主要表现在对来访者的行为、想法及感受上，有三层含义：其一，不予评价而是尊重其独特性；其二，不予批评而是理解其中的原因；其三，不予强迫而是相信来访者可以为自己负责。当来访者感受到咨询师所传达的尊重和接纳时，这本身已经具有不同的意义，来访者会更加开放、更少防御，开始真诚地面对自己以及自己的问题。

（3）坚持以来访者的利益为中心

心理咨询最重要的原则是以来访者的利益为中心，无论是谈话的内容还是咨询所要达到的目标，都要首先服从这一原则。

心理咨询会谈既是一门科学，也是一门艺术。心理咨询是一门科学，是因为我们关于人类行为已经掌握的很多规律以及关于咨询已经形成的助人策略现在已经被综合成一个结构化的、可测量的、客观的咨询服务体系，对咨询策略的运用和评价应以更加科学的态度，必须以具有经验效度的科学模式为基础来评价来访者的问题以及改善情况（包括满意度）。心理咨询是一门艺术，是因为咨询师的个性特征、价值观念及行为举止，包括咨询师所掌握的技巧知识等，都是咨询过程重要的主观变量，而这些主观变量很难精确定义和测量，多为咨询师的创造性应用。

（三）会谈的技巧

1.语言技巧

在心理咨询的过程中，咨询师与来访者的交流需要用到语言的技巧，正确语言技巧的使用可以帮助咨询师更加顺利地和来访者交流，找出来访者问题的根源，正确解决问题。语言技巧包括语言回答、适当的音质以及语言跟踪。

（1）语言的音质要适当

声音是重要的表达对来访者情感的工具。不同的音高、音量、音速和音调会产生不同的交流效果，正确使用声音能够帮助咨询师表达对来访者的关注。咨询师一般会采用中度语调、低沉的音量、有节制的音速以及中等音高与来访者交流，这种声音能让来访者更加舒心，从而促进咨询过程的进行。在咨询的过程中，咨询师还要根据来访者的反应和提出的问题调整自己的声音。比如说来访者出现痛苦的表现，咨询师就适合采用慢音速、低音调，调小音量来与之交流。

（2）语言跟踪

每个人的语言逻辑不同，表达一个问题的顺序和思路也不相同，当来访者在描述自己的某个问题时有可能从不同的方面和角度去阐述，这就不可避免地会变更话题，这种描述也很容易让听话者产生疑惑。所以，咨询师在听取来访者的谈话时一定要耐心，学会跟踪来访者的谈话，提炼其中的重要内容。

（3）语言回答

语言回答是会谈绩效的核心。语言回答技巧也分为很多种类型，包括意义反映、情感反映、阐释、概述，澄清思想等。

2.提问技巧

提问技巧是心理咨询的一种重要技巧。恰当地使用提问技巧可以让咨询师和来访者更加深入地交流，让来访者提供更多有价值的信息，让咨询师更加深入地了解来访者的情况。如果咨询人员没有正确使用提问技巧，不仅不利于了解来访者的问题，也会使得咨询师因为没有全面了解来访者的信息和问题使得咨询产生困境。在咨询的过程中，咨询人员常用的提问方式有两种。

（1）开放式的提问

开放式提问是咨询人员最常用的一种提问方式。咨询人员在和来访者交流提问的时候常常使用“什么”“如何”“为什么”“能不能”“你对……感觉如何”等句式来进行发问。

（2）封闭式的提问。

涉及对事情的判断时就用到封闭式提问，一般回答的句子里常常带有“是”或者“不是”，“有”或“没有”，“对”或“不对”等。

四、追踪随访

（一）追踪随访的分类和目的

追踪随访主要分为两类：一类是心理咨询进展间期的随访，另一类是整个心理咨询结束后的追踪。

1.心理咨询进展间期的随访

所谓心理咨询进展间期的随访，是指在心理咨询进行过程中，在每一次咨询结束后、下一次咨询进行前的跟踪访问。咨询进展间期随访的目的有以下两个。

（1）为下一次咨询服务

经由随访可以及时了解来访者在本次咨询结束后的感受以及进一步的思考，获知来访者在咨询外的表现以及改变，为下一次咨询收集必要的资料。

（2）为了解整个咨询过程以及效果服务每一次咨询结束后，来访者对咨询效果的评估和来访者的自我评估是非常重要的，这有助于咨询师和来访者在整个咨询结束以后回顾咨询过程是如何进展的、咨询效果是如何产生的。

2.整个心理咨询结束以后的追踪

整个心理咨询结束以后的追踪其实就是咨询后的回访，回访一般安排在咨询结束后的三个月、六个月或者一年进行。对来访者的追踪主要有两种目的：一种是追踪回访作为对来访者的延展服务，通过回访可以让咨询人员对来访者对心理咨询的看法和心理咨询的效果作一个了解；另一种是可以通过咨询过程的相关记录再根据追踪的来访者的现实情况作咨询效果的评估，最终可以整理针对来访者情况的专业性很强、完整的咨询记录。

此外，有些咨询机构将对来访者追踪随访的结果作为对咨询师专业水平考核的指标之一。

（二）追踪随访的注意事项

1.执行人员因追踪随访的目的不同而不同

如果追踪随访的目的在于为来访者提供跟踪服务，就显然需要由心理咨询师提供服务，这是咨询设置内会谈的继续和延伸。如果咨询机构提供此项服务，在一开始介绍咨询设置时就要向来访者讲清楚。

如果追踪随访的目的是作为咨询机构工作的评估，就通常由接待员或其他工作人员完成。目前，在我国咨询机构通常做的是这一种。

2.坚持以来访者的利益为先

无论哪一种追踪，都应该在来访者知情同意的前提下进行，并提前询问来访者合适的时间。在追踪随访环节，执行人员同样要保持专业关系以及专业限制，注意遵守保密原则，要避免以完成工作为由对来访者造成伤害。

3.要保持中立的立场

无论追踪随访由咨询师执行还是由接待员完成，都要注意保持客观中立的立场，避免为追寻好的结果而加入个人引导，导致影响来访者的自由表达。

在高校，对曾经咨询过的学生进行追踪随访往往是高校学生管理工作的重要内容。特别是对有些心理问题比较严重，甚至因此选择办理休学的同学，咨询中心在其复学时以及复学后一段时间内应予以密切关注。

第三节　大学生心理咨询的方式与方法

一、精神分析疗法

（一）精神分析概述

1.精神分析的含义

精神分析是指在会话中挖掘来访者无意识中的情结，使无意识内容能深入到意识层面，来访者通过接触、面对和与自己的无意识沟通，获得症状的改善和矫治。常见的适应证如下：各类神经症，如癔症、强迫症；各种严重的心理挫折，如人际交往障碍和性心理障碍。

精神分析是现代心理治疗的奠基石，但它的影响并不局限于心理治疗领域，对于整个心理科学乃至 20 世纪西方人文科学的各个领域，它的影响可与达尔文的学说媲美。就精神分析在心理治疗领域的地位和作用来说，它既是一个系统的疗法，又是现代心理治疗的基础。精神分析的思想和方法从各方面给后来的其他疗法带来灵感或刺激。

2.精神分析理论及代表人物

（1）古典精神分析——弗洛伊德

①心理结构理论。心理结构理论是以弗洛伊德为首的精神分析传统学派所提出的经典理论，也是精神分析学派奠基性的经典理论。心理结构理论认为，人的意识分为三个层次，从表面到内在分别是意识、潜意识和前意识，它们的关系如图 2-3-1 所示。

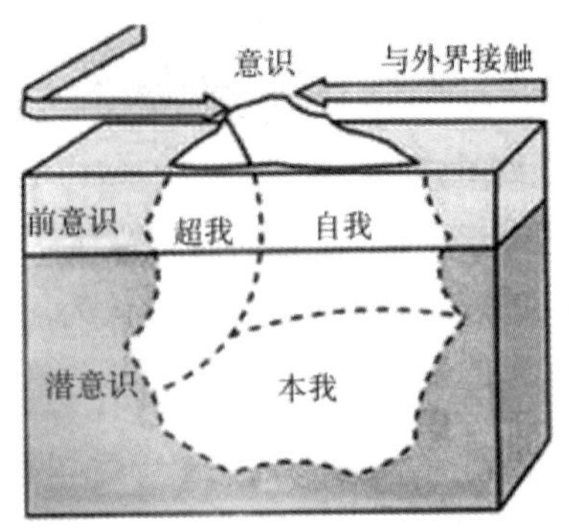

图 2-3-1　精神分析的心理结构理论

意识（conscious），是指能够被直接感知到的心理活动，人们日常感知到的行为、情绪、情感就属于意识层面，是人意识的表层。

潜意识（unconscious）也叫无意识，是指那些没有被人们察觉、潜伏的思想或者观念，潜意识领域中也包括一些欲望的动态活动或者观念，当着这些活动也是不能被人们直接察觉的，但是这些思想和观念却时时刻刻影响着人们的情绪和行为。

前意识（preconscious）是一种介于意识和潜意识之间的意识，这些前意识是可以被召回到意识部分中的。前意识的作用可以看作一个过滤器，当潜意识的部分内容如果想要进入到意识中，前意识就可以帮助过滤掉潜意识中不被人们接受的观念和思想，确保意识的稳定。

由此，意识、潜意识和前意识就构成了弗洛伊德的心理结构理论。

弗洛伊德认为潜意识的核心要素是性冲动、性本能、性欲望，它通过人们不经意的玩笑、失言、梦等方式表现出来。在人的心理结构中，潜意识占据了绝大部分，多表现为盲目的冲动、生物的本能和被压抑的欲望。如图 2-3-2 所示，倘若用冰山来比喻的话，意识只是浮于水面上的小部分，而潜意识则是藏于水面之下的大部分。可以说潜意识对于人的行为起着至关重要的作用。

图 2-3-2　精神分析的冰山理论

②焦虑。弗洛伊德认为，焦虑是自我被威胁的一种警告，他把焦虑归类为三种：客观性焦虑、精神官能焦虑和道德焦虑。客观性焦虑由现实世界面对真正危险所产生的恐惧导致，另外两种类型由它发展而来。精神官能焦虑产生于本我对可能存在的潜在危险的辨识，它不是害怕本能本身，而是害怕可能随不分青红皂白、由本我支配的行为而带来的处罚。道德焦虑被一个人的良心恐惧唤起，当一个人表现甚至是想到做一些和道德价值相反的行动，就可能经历罪恶或羞愧。因此，道德焦虑取决于一个人道德价值的发展情况，如果一个人的道德价值较低就会产生较少的道德焦虑。

焦虑产生紧张的状态，刺激个人以行动来减少它。弗洛伊德提出自我发展反抗焦虑的保护性防卫方式，叫作自我防御机制，是对无意识的否认或对现实的扭曲。

③梦的分析精神分析流派通过梦能够联系起来意识和无意识，其中弗洛伊德和荣格作出了对梦的经典解释。弗洛伊德认为梦将无意识作为基础，人们做的梦其实就是人们意识深处那些被隐藏的，不便拿出来被承认的欲望，通过一种歪曲的形式——“梦”表现出来，这里提到的欲望一般是指性欲。这种欲望由于不被人们承认所以就和自己的意识相互矛盾抵触，为了不被意识识别出来，就通过梦这种扭曲的形式来“保护”自己。弗洛伊德认为，要对“梦”透彻的分析，就要

看透梦的伪装，不要受自我意识的干扰自由地进行联想，从显“梦”中获得隐“梦”的真正含义。

另一位精神心理学家荣格和弗洛伊德对“梦”有不一样的分析。荣格认为梦其实是自己内心自然的心理现象，不需要伪装。“梦”是没有伪装的，不会说谎，更加没有为了自己的欲望进行歪曲掩饰，“梦”其实就是在表达自己，这种表达之所以看起来奇怪，是因为人的意识不能正确地认识和理解这种意义。所以，荣格对“梦”的分析启示了咨询师在心理咨询的时候要积极探求无意识对情结做了什么，要了解“梦”的背后有什么样的集体无意识和原型与原型意象的关系。

弗洛伊德还有很多其他著名的精神理论，包括心理发展阶段理论、心理动力理论、心理防御机制等，这里就不一一介绍了。

（2）分析心理学——荣格

从精神分析流派分出来的分析心理学理论，其奠基者荣格创新性提出的集体无意识，也影响着心理咨询行业的发展。

①集体无意识

荣格提出了集体无意识，这种概念是指所有的人类在心灵中都有的精神遗传，这种遗传包括在人类的进化中所产生的精神方面的遗传，这种精神遗传存在于人们的内心深处。这种集体无意识的理论是荣格在弗洛伊德的个体无意识的基础上发展起来的，这也可以看作是荣格的重新创造的理论。集体无意识理论认为其本身是精神的一部分，区别于个人的无意识，个人无意识可以归结为个人的经验，但是集体无意识是整个人类的无意识，不属于个人。

②原型

荣格提出的原型概念和他提出的集体无意识概念有着非常密切的关系，因为荣格认为原型其实就是集体无意识的主要内容，原型是先于集体无意识存在的，原型出现后构成了集体无意识。集体无意识本质是靠一些形式的集成或者净化才形成的，原型其实就是这些独特的形式。

集体无意识还有一种特征，就是它的一些内容和行为方式和所有的地方和个人都符合，并且这种内容和行为方式大体上具有相似性。基于集体无意识的这种特点，所以它可以组成一种超个人的心理基础，这种心理基础出现在每个人的身上，在意识和无意识的两种层次上影响人们的行为和心理。我们可以看到，探寻历史上所有重要的观念，必定可以追溯到它的原型，有的是一种，有的甚至是几种，这些观念包括了所有的领域，比如宗教、科学、哲学等。由此我们可以总结出我们现代社会所存在的所有的观念都有原型，不同的观念其实只是原型的不同表象，这种表象是人们经过有意识或者无意识地应用原型在现实生活所演变的。

③情结

荣格还提出了情结的心理概念，心象和意念集合组成了情结，情结都有一个源自原型的核心，拥有某种特别的情绪基调。情结和心理本能十分相似，有自己的固有规律，并且按照规律运行。在日常生活中，若一个人受到情结的干扰，常常也会表现出这种情结支配的心理行为。

心灵分裂会产生情结，比如说创伤性的经验、情感困扰或道德冲突等，这些创伤或者矛盾很容易产生情结。根据荣格的心理分析理论，咨询师在心理咨询的过程中，并不需要将病人的情结消除或者根治，更重要的是能够让病人明白情结的来源，明白情结对自己的行为心理起着什么样的作用，能够通过有意识的行为和心理来将情结的消极影响降低。情结其实并不可怕，可怕的是人们不能察觉或者不能正确认识情结，这样就容易被情结控制摆布，产生消极的情绪和行为，只有真正理解情结的一切，才能抵消情结带来的负能量。

例如，被忽视的孩子总是倾向于用哭闹来吸引父母的关注，如果父母能够理解孩子的这一情结并给予及时的关注，那么孩子就容易变得安静不再哭闹。

（3）自我心理学——埃里克森

埃里克森是美国精神分析学家，以“自我心理学”著名。他的精神分析理论强调自我的发展围绕人的一生。生命周期中的特殊阶段标志着相应的危机，危机的解决有助于自我力量增加和对社会的良好适应。他提出自我概念，认为自我在为本我服务的过程中，自我形成了自己的内容、需要和机能。自我能够帮助人们适应环境，健康成长，自我也是个人的自我意识的来源，能够产生同一性。

自我心理学认为，当个体成长在社会中，每一个发展的阶段社会都会给个体产生不同的要求，这时候个体的成长所达到的能力和个体的需求很有可能和社会的要求不匹配，两者之间出现不平衡的现象，这就会使个体迫于压力产生紧张的感觉。这种社会要求在个体的心理中引起的紧张和矛盾就是社会心理危机。埃里克森认为，人们在社会中的成长其实就是个体人格的发展过程，这种过程也是通过个体的不断自我调节和周边的环境相互作用的过程，双方不断地整合，个体的人格才能不断发展。人们的人格发展任务完成的结果只有成功和不成功两种，两种不同的结果会产生人格发展的两个极端，如果发展成功就会形成积极健康的品质，相反如果失败则会产生消极不健康的品质。人们的人格品质都会存在于这两个极端之间。人们总是会倾向于积极品格的形成，教育在人格发展的过程中就是起到这样引导学生向着积极的品格发展的作用，避免消极品格的形成。

（4）个体心理学——阿德勒

阿德勒（Alfred Adler）的个体心理学常被误解为主要研究个体或个别差异，实际上阿德勒用“个体（individual）”一词指人的不可分割性，是把人作为一个整体来看待。个体心理学是阿德勒批评并发展弗洛伊德的精神分析理论的产物，他们两人的分歧主要体现在对意识与潜意识看法的不同以及对人格发展问题的看法不同等方面。弗洛伊德认为潜意识是人类行为的原动力，阿德勒虽然也认为潜意识是重要的，但更强调意识的作用。

（5）客体关系理论学派——克莱因

20 世纪三四十年代出现了客体关系理论学派，创立这个学派的代表人物有克莱因，客体关系理论学派是在弗洛伊德理论的基础上形成的。客体关系理论（object relations theory，ORT）是心理动力取向的人格发展理论，认为人类一切行为产生的动力来源是“客体的寻求”，也就是人类关系的建立与发展。

（6）自体心理学——科胡特

科胡特是自体心理学理论的代表人物。客体关系理论重视母亲对自我或自体发展的重要作用，而忽视了其他重要客体的影响，如父亲、同伴等。而自体心理学（self psychology）同样重视外在客体对个体发展的重要意义，并扩展了客体的概念，那些对自体发展起重要作用的客体都可以被纳入自体心理学的考察范围。

自体心理学理论最早是由海因茨·科胡特提出的，他在 1971 年发表了一本名叫《自体的分析》的图书，该图书首次提出了自体心理学。科胡特认为被欣赏是每个人的心中的渴望，如果人们在幼年的时候自己的需求得到照料者的积极响应和认真对待，并且能够经常受到赞扬，那么个体就能够养成很好的安全感，有自己的自尊和内聚感。“字体客体”其实就是表达一个人对他人的体验，准确地说，就是人们将他人提供的非个人机能的体验，体验成“自体”的部分。放到心理咨询的过程中，就是病人可以将咨询师所拥有的体验转化为自己的体验并进行延续，这些体验很大部分是病人在年幼的时候没有得到重视和开发的部分，可以在咨询师这里得到体验并转化为自体建构。

（7）精神分析与中国文化相结合的认识领悟疗法——钟友彬

钟友彬是我国精神学方面的专家，一直在基层医院精神科工作，并坚持把精神分析应用于我国实践。他于 1988 年出版了《中国心理分析：认识领悟心理疗法》一书，标志着他的中国式的精神分析疗法——认识领悟疗法进入一个成熟阶段。他认为中国的传统观念与精神分析原理有两点相通：一是中国人相信幼年经历或遭遇对人的个性和心理健康有重大影响；二是可以从成年人的观念、作风和行为中看出其幼年时受到的影响。

（二）精神分析的治疗方法

1.治疗步骤

（1）倾听

此阶段属于心理咨询的初始阶段，咨询师应该广泛听取来访者的个人情况，探讨深层情感、矛盾，以及其防御机制。在这个阶段，咨询师应该持一种非批评态度并充分共情，帮助来访者倾诉或者发泄，主要的技术有释梦、自由联想等。

（2）分析

此阶段主要对来访者的信息进行汇总性分析，包括他们的当下情况及个人成长史，通过过去了解现在，连接他们的意识与无意识。

（3）解释

此阶段是咨询深入进行的环节，咨询师到这一阶段已经对来访者的信息有一定的了解，并且咨询双方已经建立一定程度的咨询关系，此时可以对来访者的矛盾点进行解释、澄清。

（4）领悟与修通

此时处于心理咨询的中后期，咨询师进一步运用各种技术，结合自由联想和移情，向来访者揭示他的无意识欲望和无意识冲突，使来访者了解自身问题的真实原因并获得领悟，在领悟基础上进一步获得修通和成长。修通是由于来访者的领悟而引起行为、态度和结构的改变，使得某一情结得到了解决。

2.治疗的主要方法

（1）自由联想

自由联想是心理分析的主要技术。在精神分析的治疗中，早期阶段会较多采用自由联想技术，例如当来访者表示不知说什么时，咨询师会引导来访者躺在沙发上，合上眼睛，让其不加束缚地进行自由联想，并口头报告自己所看到的画面，咨询师在一旁做记录。有些时候，咨询师还会与来访者有语言上的交流。咨询师会经常指导来访者把联想与梦、目前生活的因素、关于过去生活的回忆，特别是治疗过程中出现的关于童年事件的新的回忆联系起来，以探寻来访者内心深处潜藏的无意识。

（2）梦的分析

弗洛伊德在对他的病人进行自由联想时发现，当分析进行到一定程度时，病人开始出现不配合，有的时候并不是他们刻意而为之，病人自己对此也没有意识，弗洛伊德将此称为阻抗，是病人避免自己体验到痛苦情绪而采用的自我保护手段之一。这个时候，弗洛伊德转向研究病人的梦，因为他相信，梦代表着被压抑的欲望和愿望的一种虚假的满足，通过梦的分析可以获得更多有价值的信息。

弗洛伊德认为，梦是无意识内容的反映，并把梦分为显梦与潜梦：显梦，就是梦境中所显示的具体内容；潜梦，就是梦境内容所代表的潜意识含义。而精神分析工作者的任务就是剥去显梦的层层伪装，去探寻梦境背后潜藏的动机，发现潜梦。例如，梦中的房子往往代表女性的子宫，而梦见上楼梯则暗示对性交的渴望。

（3）共情

无论是传统的弗洛伊德的精神分析学派，还是荣格的心理分析学派，乃至当今的心理咨询中，共情多被认为是心理工作者所应具有的一种能力。它不仅被视为咨询的方法和技术，甚至能够营造咨询和治疗的气氛与条件。共情，表现为一种设身处地、感同身受的能力，通过这种能力而体现出感应的作用，或者“共时性”现象的效果。

（4）移情与反移情

移情是重要的心理治疗方法。在来访者和咨询师互动的过程中，来访者有时候会将咨询师看成自己过去某个重要的人物的化身，把当时对这个重要人物的情感转移到咨询师的身上，这种心理是无意识的，是一种重复重要关系的人际模式。移情有具体的分类，可以分为正性移情和负性移情。正性的移情则是积极的、正面的，是一种来访者对咨询师积极情感的表达，来访者会对咨询师表现出友好、敬仰、爱慕，甚至有的来访者会对异性的咨询师表现出性爱的成分，产生依恋等。负性的移情则正好相反，是来访者对咨询师表达出负面的情绪和行为，来访者会将咨询师当成过去给自己带来痛苦挫折不幸对象的化身，将自己对原来的痛苦根源的对象所产生的情绪转移到咨询师身上，从而在咨询的过程中表现出抗拒、抵触甚至敌对。

还有一种移情心理是反移情，这种反移情是指发生在咨询师身上的，咨询师将自己的过去的情感转移到来访者身上。这种反移情其实是咨询师无意识冲突的结果。反移情的产生并不能一概认为会带来消极的结果，如果咨询师能够妥善处理自己的反移情行为甚至还会带来积极的效果。咨询师在面对来访者的时候如果产生适当的情绪反应，投入正常的恰当的感情，并且对来访者保持必要的兴趣，更容易和来访者建立密切的联系，走进来访者的内心，用积极的情感来帮助来访者摆脱心理问题，最终得到解决问题的勇气。但不当的反移情会对心理咨询中带来阻碍，它影响了咨询师对来访者的客观态度，使其做出与其身份不符的心理反应，甚至使咨询师丧失了应对来访者保持的中立立场，从而增强了来访者对心理咨询的自我防御。

来访者与咨询师的移情与反移情也分为意识与无意识两个层面，而且双方会相互影响。

如图 2-3-3 所示，左边是来访者，右边是咨询师，上层是来访者与咨询师的意识层面，下层是来访者与咨询师的无意识层面，它们之间的相互关系具体如下：

①治疗同盟，这是来访者与咨询师在意识层面的交流，例如双方的谈话；②来访者与自己的无意识的关系，这是来访者在咨询的时候，自己的意识与无意识的交流；③咨询师与自己的无意识的关系，这是在咨询的时候，咨询师自己的意识与无意识的交流；④和⑤咨询参与者彼此的意识、无意识的相互影响，这是在咨询的时候，来访者的意识与咨询师的无意识、咨询师的意识与来访者的无意识的相互影响；⑥咨询师与来访者在无意识层面的直接交流。

荣格认为咨询师与来访者就是通过以上 6 种关系的移情和反移情来了解并且解决来访者内心世界的冲突。

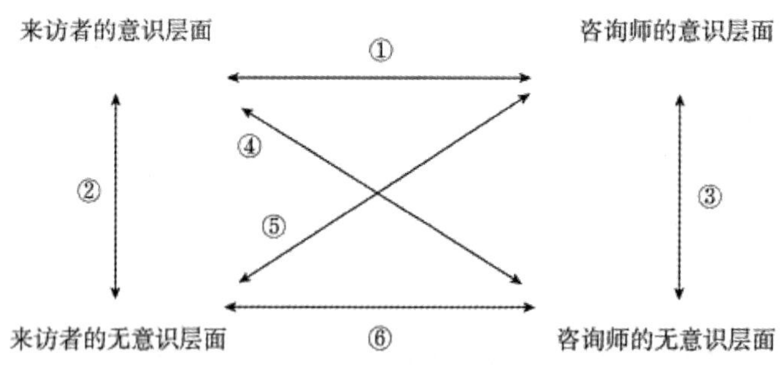

图 2-3-3　荣格的门图

（5）过失行为分析

弗洛伊德的研究成就不仅在于对梦的分析，他还重点关注了生活中的过失行为，最常见的比如遗忘、口误、疏忽等。看起来这些过失行为十分琐碎和偶然，并不能引起人们的注意，但是弗洛伊德对这些行为分析，认为这种过失行为有着无意识的欲望的动机，经过意识和无意识的斗争才产生这种结果。对过失行为的研究可以更加深入地了解无意识的活动。在心理咨询的过程中，咨询师可以留心来访者在互动中的过失行为，并且了解来访者在日常生活中有哪些过失行为，并对这些行为进行分析，通过表面的行为去探寻他们的内在动机，这样更容易了解来访者内心隐藏的活动。

（6）自由与受保护的空间

自由与受保护，看似简单的描述却寓意非凡。自由，尤其是心灵的自由，是人类的不懈追求，从古至今，人们发现许多心理疾病是缺乏心灵与思想的自由而导致的。自由并且受保护，组成了精神分析疗法所强调的咨询师与来访者的基本关系。这种关系随时体现为治疗的气氛，转化为治愈的重要元素。由此可见，建立自由与受保护的空间是心理咨询师需要在工作室内努力营造的氛围，这也正是心理咨询师的素质和功力的体现。

（7）积极想象

积极想象是荣格提出的心理治疗技术。荣格认为通过对梦的分析并不能直接全面地了解无意识，属于“间接沟通”的方法，直接对无意识的获取可以依靠积极想象，荣格曾经把积极想象称作“睁着眼睛做梦的过程”。但是需要注意的是，积极想象要和白日梦区分开来，白日梦是人们的主观发挥，并没有超越个人的日常体验的范围，但是积极想象是对潜意识内容的想象，可以让潜意识的内容清晰地展现在意识状态中。

例如，在对某位来访者梦中出现母牛做分析时，传统精神分析学派会从“母牛”引申出来的含义角度进行梦的分析，或从“母牛”在来访者所属的文化与意象的意义角度进行分析；而积极想象则是在从“母牛”引申出来的含义的基础上，让来访者利用积极想象去与梦中的对象直接沟通和对话，或者去感受“母牛”的情感，又或者让梦中的意象生动与丰富起来，比如说让来访者描述母牛的颜色、大小、动作、神态等，以顺着其中某一线索而进入无意识，这就是积极想象的特点。

（三）精神分析疗法在高校咨询中的应用

1.结合精神分析的理论视角来理解来访者

成为一个精神分析师，并且完全运用精神分析的方法在高校为大学生提供心理咨询服务显然是存在一定困难的。其一，国内本身缺少接受过规范系统培训并具有精神分析师资质的心理咨询师。如果只学习了一些精神分析的理论与方法，有结业证书，还不等于是精神分析师。其二，接受过一定精神分析培训的咨询师如果总以经典精神分析标榜，要做长程精神分析对来访者提供帮助，这实际上与高校为更多学生提供心理服务，设定每个来访者 6~8 次的服务原则与规定不一致。

基于存在以上的现实情况，高校心理咨询师对精神分析的运用重点在于运用其理论视角理解来访者，可以再结合其他流派的技术与方法为来访者提供帮助，这样做更为适宜。

精神分析不仅是一种咨询方法和技术，而且是一种理解人的途径、一种生活哲学，它深刻地揭示了一个人的人格成长过程，拓展了人类自主精神的领域，它对人与人之间主观性的广泛而微妙的差异进行了富有思想性的描述，是一个探索自己内心世界的非常重要的工具。精神分析包括经典精神分析的人性观、意识结构理论、人格结构理论、自我防御机制、性心理发展阶段以及所阐释的产生心理困扰机制，也包括之后的新精神分析理论中的自我心理学、客体关系、自体心理学等理论，无论何种咨询取向的咨询师都能从精神分析中获得帮助和启发。

一些大学生前来咨询时多带着实际的困扰，如有入睡困难、与宿舍某个同学的人际关系很糟糕，或者对选择大学毕业后的出路犹豫不决，等等。从前面提到的精神分析对于心理疾病成因的理解来看，这可能都是其内在心理冲突的表现，而那些内在心理冲突可能与其早年生活经历、原生家庭养育有关。例如，为毕业选择焦虑不安，可能受困于自我决定还是听从父母决定的冲突，更深层的可能是想反抗父母的严厉束缚而遵从内心心愿，但因是独生子又想尽孝道的矛盾心理。简单而言就是现在这些困扰都是有原因的。因此，咨询师先不要过于先入为主地认为这些问题没什么大不了或者不可理喻，甚至急于把问题去除，而是应尝试理解来访者的苦恼。这会给双方提供一种更宽广的视角去看待自己、看待他人、看待关系、看待症状。当咨询师看到来访者在生命历程中所经历的困难、挣扎，就会从内心深处涌出一种悲悯之心，产生和提供一种有别于他人的关怀和理解，这同样可以产生咨询效果，或者说这才是咨询中真正可以帮助到来访者的地方。

精神分析同样注重咨询过程，尤其是移情和反移情的发生和处理，咨询师对自我反移情的觉察可以更好地通过咨询关系来帮助、理解访者。从精神分析视角理解来访者时，咨询师尤其要注意精神分析会关注来访者的原生家庭、关注其早期经验，但不是让来访者找到个人困扰的原因，由此去谴责父母早年的不当养育，这只能适得其反。咨询师最重要的是关注和体会来访者的感受，协助来访者去理解自己。

2.运用精神分析需要经过训练

一个咨询师如果要使用精神分析的方法治疗心理问题，那么首先就要经过严格的长期的精神分析训练，并要有专业的人员在旁督导，并且在投入使用之前要先进行自我体验，在这个过程中也要不能忘记对专业技能的训练，保持自我的不断成长。当前，我国高校的心理咨询师主要有两部分构成，一种是专职的心理咨询师，这种咨询师一般都是心理学和教育学毕业的，有专业背景，但是大部分的心理资格的培训时间不长，没有经过连续的培训学习，同时个人的体验也较少，经验是有限的。另一种是兼职的心理咨询师，这些咨询师虽然很多持有心理咨询师的资格证，但是并不能保证这些咨询师的水平，有的咨询师可能只看过一些精神分析方面的书籍或者听过几次课程就敢直接对学生采取精神分析的方法，这是非常危险的行为。

随着精神分析的发展，现代精神分析已经不是传统的躺椅式、每周高频率的会面咨询，而是更多的面对面、每周一次的精神动力学咨询。也就是说，非躺椅式的、每周一次的以精神分析理论进行咨询工作的精神分析称为精神动力学。即使如此，胜任精神动力学的咨询工作仍然需要一个长期、系统培训过程。总体来说，不管是从经典精神分析到现代精神分析，还是从精神分析到精神动力学，都需要对精神分析理论深入理解，而不能仅仅简单了解一些词汇。此外，还要在督导的指导下，在具体的心理咨询实务中学习如何使用精神分析，包括如何把现在与过去连接，如何理解症状的意义、如何进行动力学解释等，不能冒然而行。

许多大学生对心理学感兴趣，在遇到个人困扰时通常查阅书籍资料（如《梦的解析》等精神分析的书籍）来自我帮助，在咨询时也会询问相关问题。咨询师需要注意来访者为什么会读这些书，来访者有些什么感受和想法，而不是与来访者讨论精神分析理论。

3.不要为了满足咨询师的好奇心而过度探寻和野蛮分析

所谓过度探寻，是指咨询师出于自身的好奇心而不是关注来访者的核心困扰、是否做好了准备，就急于深度询问。例如，有的女生对男性缺乏信任，甚至厌恶，在情感上一直难以和异性建立亲密关系，现在遇到了一个不断追求自己的男生，很困扰。听到这些介绍，有的咨询师会不自觉地与来访者的早年经历联想，内心甚至做出了来访者有早年性创伤的假设，并由此就开始询问来访者有没有男性伤害过她，如果有，是谁，什么时候，在哪儿。有的咨询师甚至使用催眠以及一些投射测验，诱导来访者的潜意识。而来访者既没有将目前困扰与早年经历联系起来的联想，也没有做好心理准备去回忆一些痛苦经历，于是，有的来访者会中断咨询，有的来访者可能情绪失控。

野蛮分析是指咨询师很容易运用精神分析的术语和假设在咨询过程中对号入座。例如，某个来访者迟到了，可能咨询师立刻的反应就是来访者在“阻抗”；某个来访者对生活中其他人做出一些评判，可能咨询师就认为来访者在使用“投射”的防御机制；某个女生咨询恋爱问题，男朋友比其年长几岁，可能咨询师马上解释为是恋父情结；等等。而咨询师的这些行为实际只是进行专业上“贴标签”，而不是真正试图理解来访者。这会使咨询师自己充满了知识上的优越感，使自己的自恋得以满足，这往往会对来访造成二次伤害。因此，咨询师要非常谨慎地使用分析的技术，要保持谦卑的态度。

4.短程精神动力学理论更适用于高校心理咨询

对于高校心理咨询，基于限时的设置和发展性的咨询目标，短程精神动力学理论的限时咨询可能更适合。短程精神动力学理论是指基于精神分析和精神动力学理论发展出的、每周一次、非躺椅式的、持续 12~16 次的咨询治疗，也有学者将短程精神动力咨询界定为 20~50 次的咨询治疗。

短程精神动力咨询最主要的特征是有明确的咨询焦点和有限的咨询目标。目前短程动力学咨询治疗也有不同的特定方法，如人际核心冲突短程动力学治疗等。

二、认知行为疗法

（一）认知行为疗法概述

1.行为治疗

行为治疗产生的基础是行为主义心理学，经过多年的发展已经成为当代心理疗法中有较大影响力的派别。行为治疗和其他的疗法产生的不同之处在于行为治疗是由很多的人针对行为主义心理学分别进行研究而开发的不同的治疗方法，是一种治疗方法的合集。

行为治疗一直都在根据社会和研究的发展不断地进步和变化。很多行为咨询家原本奉行的是极端的行为主义理论和片面的强化观点，但是随着行为治疗的不断发展变化，他们中很多人开始放弃原本的观点，改为重视刺激和反应之间的中介调节因素的作用，比较典型的包括对人的认知和情绪、动机等等的使用。很多咨询家认为人并不是一种单纯的对外界的应急做出反应的被动反应者，人们可以通过认知等因素来激发自己的情绪和动机来影响自己的行为。人们通过认知调整、自我指导和控制能够改变自己的行为，这也是人们与生俱来的能力。行为治疗的过程就是人们通过对自己的行为的评价，经过一定的治疗和自控的方法来帮助自己调动自己的能力，纠正自己的错误思想和行为，或者建立起一种新的健康的行为来代替不良的行为。

2.认知治疗

认知疗法产生于20世纪五六十年代，总体上属于人本主义心理学范畴，到了20世纪80年代，被临床实践证明为比较有效的心理咨询方法。一般对认知疗法的界定是，根据认知过程影响情绪和行为的理论假设，通过认知和行为技术改变不良认知的心理治疗方法总称。

认知疗法在批判行为主义刺激—反应之间的联结的基础上发展起来，认知疗法认为外部刺激并不能直接引起个体的情绪和行为反应，在刺激和反应之间存在复杂的过程，就是认知。认知过程是刺激和行为之间的中介，认知心理学认为个体的情绪和行为是由认知过程决定或调节的。外部刺激通过个体感觉器官成为感觉材料，经过记忆存储为过去经验，经人格结构进行折射，再通过思维过程对感觉材料赋予意义，由此构成知觉过程。通过这样的知觉过程对事件进行解释、评价和预测，因此个体对外部刺激的反应过程包含了对刺激的概括选择和组织转换等过程，最后才产生行为和情绪。不同的认知导致不同的情绪和行为，由于个体的文化背景和个人经验不同，同样的刺激可能产生不同的认知评价，引起不同的情绪反应。也就是说，由于人们对事物的分析和评价不同，同一刺激可能会引起不同的甚至截然相反的情绪反应，可见不同的认知决定情绪的不同特征和性质。

同样是下雨，同样是阴天，因为个体对下雨和阴天的评价与认知不同，可能产生不同的情绪反应，喜欢下雨的浪漫或者下雨带来的凉爽的个体会觉得下雨非常舒服，不喜欢下雨带来的潮湿以及出行的不便则会抱怨。由此可见，认知疗法适用于各种心理障碍的治疗，如抑郁症、焦虑症、恐怖症、情绪易激动等，都具有较好的治疗效果，对于神经性厌食、功能障碍及酒精成瘾也有较好的疗效。自从 1977 年认知疗法的预后研究发表以来，其应用实效已经得到大量证实。认知疗法以霍姆为代表，霍姆最先修正了行为疗法忽视个体作用的问题，提出内隐条件反射理论，强调个体内部认知过程，重视思维、知觉、自我评价等对于致病和治病的作用。与传统的精神分析疗法不同，霍姆不追究来访者以往经历对目前问题的影响，而是关心来访者此时此地的认知对心理状态的作用，美国心理学家阿尔伯特·艾利斯提出理性情绪疗法，核心思想是强调理性认知的作用。美国临床心理学家贝克（A.T.Beck）于 20 世纪六七十年代，在治疗抑郁症个体的基础上，提出治疗心理障碍的重点在于鼓励来访者检查和消除内在错误思想和认知歪曲。这一方法与理性情绪疗法很相似，但是贝克也提出了很多独特的理论和技术。贝克早期出版了《抑郁：临床、实验和理论》，此书标志着他开创了认知疗法，而《认知疗法与情绪失调》一书是贝克对认知疗法理论和技术的完善与系统化。

认知行为疗法具有的特点如下。

（1）治疗师和来访者的关系是协作的关系。

（2）认知行为疗法采用的前提是来访者的心理痛苦和问题的原因是认知过程紊乱。

（3）治疗的方法是通过改变来访者的认知从而引导其情感行为正向发展。

（4）治疗的目标都是明确的、结构化的，并且治疗的过程也是有时限的，主要采用教育的方法。因为所有的认知行为疗法的基础是心理学的教育模型，教育中家庭作业的布置十分重要，要让来访者在咨询的过程中产生积极主动的心理和行为，根据这种心理和行为采取行动，进行改变。

（二）认知行为治疗在高校心理咨询中的应用

认知行为治疗作为以询证研究为基础的一种着重于解决当前来访者的症状/问题的疗法，其结构性强、疗程短等特点使之成为目前在国际上发展得最迅速、最广泛的心理治疗流派之一。目前高校的心理咨询资源有限，通常来访者的咨询存在一定次数限制，且咨询问题多以个人成长或问题解决为主，而心理咨询的一个主要目的也是为了帮助来访者自主解决、处理生活危机及问题，达到“助人自助”的目的。因此，在高校心理咨询中应用认知行为治疗能够很好地兼顾上述几方面的需要。然而，在高校实践认知行为治疗的过程中，仍有一些问题需要注意和重视。

1.咨询师应熟练掌握认知行为治疗的基本理论和技术

咨询师应能够对来访者进行准确而清晰的评估，选择有效的咨询方案，合理、有效地应用不同的认知行为治疗技术。这些都要求咨询师对认知行为治疗的概念化非常了解，且对技术操作有丰富的实践经验。

2.咨询师需注意对认知行为治疗误区的辨析

（1）认知行为治疗只关注来访者的症状而不关注来访者及其童年经历

认知行为治疗的着眼点始终在于来访者的主诉及症状、问题上，然而这并不是指认知行为咨询师就可以忽略来访者作为一个人的存在。至少有两个主要的理由要求认知行为咨询师对来访者本身应进行更深入的了解。

①咨询师除了收集来访者在日常生活中的自动想法外，还需概念化来访者的规则假设及其核心信念，而这些假设、核心信念、图式的形成，都与来访者的经历（特别是童年有重要影响的经历）有密切的关系。因此，了解来访者的重大生活事件有助于咨询师重塑来访者如何形成已有的信念、假设。

②任何心理治疗都是建立在信任、安全的咨访关系（治疗联盟）的基础之上的，这也意味着咨询师需要将来访者作为一个独特的人对待，而非仅仅是“症状的携带者”。良好的治疗联盟还能更好地激发来访者的改变动机，促进治疗效果。

（2）认知行为治疗只是多种技术的堆砌

认知行为治疗确实发展了很多可供使用的技术，但这些常见的技术并不是咨询师所能应用的全部。事实上，认知行为治疗的核心并非技术，而是从认知行为的视角对来访者、个案进行概念化的过程。通过概念化，咨询师对来访者及其症状获得全面而深入的认识，再根据概念化来确定治疗的目标，并进一步选择不同的治疗技术来为达到该目标服务。如果将认知行为治疗比作野外行军，那么治疗技术就好比铁锹、铲子、小刀、帆布这些工具、器械，而概念化则是指南针和地图。如果没有概念化，技术的使用就是盲目的，甚至是有害的；而即便不使用（或无法使用）现有的“治疗技术”，根据完整的个案概念化，咨询师仍能够创造性地发展更适合个案的新的技术方法来达到同样的目标。因此，认知行为咨询/治疗并非“唯技术论”的咨询方法。此外，在很多时候，仅仅使用认知行为咨询/治疗技术（即使技术操作完全正确）并不表示进行的是很好的认知行为治疗。

3.认知行为治疗可应用的问题类型

认知行为咨询师也致力于帮助更多人自己学习认知行为治疗的理论和技术、自行处理个人问题，促进症状消除和个人成长。幸运的是，目前国内已经翻译了大量此类书籍，完全可以满足咨询师、心理困扰者，以及希望突破自身局限，了解、发展自我的个人的需要。此外，各种团体或小组的认知咨询方案的出现也能满足高校对于小组咨询的高效益、低成本的需求。

然而，认知行为治疗的应用目前仍存在一些局限。由于已有的认知行为治疗方案更强调其结构性，少数咨询师忽略了咨询中的咨询联盟的建立以及对咨询的灵活性的把握，这也使得认知行为咨询的疗效受到了影响。

三、正念疗法

（一）正念疗法的理论与应用

1.正念疗法的源起

20世纪以来，随着东西方文化交流的不断扩展和加深，佛教文化逐渐在美国流行。二战后，日本禅学大师铃木大拙及其弟子在美国长期讲学，使得禅宗在美国生根；其后，东南亚上座部佛教的修行传统也进入美国，“观呼吸”“正念进食”“行禅”“身体扫描”等原始佛教的禅修方法，通过依循缅甸马哈西尊者和印度葛印卡居士教导所建立的禅修中心在美国传播流行开来。

在这种背景下，卡巴金于1979年在美国马萨诸塞大学医学中心创立“减压门诊”，专为慢性疼痛病人开设“正念减压疗程”，进行“身体扫描”“正念瑜伽”“静坐冥想”，以及将正念融入日常生活的“正念行走”和“正念进食”等。

1992年，牛津大学和多伦多大学的教授将传统的认知行为疗法和MBSR结合，于1995年发展出了正念认知疗法（Mindfulness-Based Cognitive Therapy，MBCT），该疗法在临床实践中也显示出显著疗效。

在MBCT的影响下，又有其他临床心理学家发展出针对进食障碍的正念饮食觉察训练（Mindfulness-Based Eating Awareness Training，MB-EAT），针对物质滥用的正念复发预防（Mindfulness-Based Relapse Prevention，MBRP），增加情侣关系满意度的正念关系促进（Mindfulness-Based Relationship Enhancement，MBRE），等等。

目前，基于正念的临床干预已被应用于治疗多种心理障碍，如成瘾和物质滥用、注意缺陷多动障碍、焦虑障碍、冲动和愤怒控制、抑郁症、进食障碍、人格障碍、自杀与自伤行为、创伤后应激障碍和精神病性障碍等。同时，正念训练也被作为多种躯体疾病的辅助疗法，如脑外伤、风湿病、癌症、糖尿病、艾滋病、器官移植和多处硬化等。

20世纪70年代，在禅宗思想的影响下，针对传统心理治疗过分关注症状改变的弊端，玛莎·林内翰（Marsha M.Linehan）发展了平衡接纳与改变的辩证行为疗法（Dialect Behavior Therapy，DBT）。该疗法主要用于治疗自杀行为和边缘性人格障碍，其干预技术也主要是基于正念思想的情绪管理策略。20世纪90年代，Hayes等在情境行为科学（Contextual Behavioral Science，CBS）和关系框架理论（Relational Frame Theory，RFT）的影响下，结合正念、接纳、内感性暴露、认知解离和聚焦当下等新的治疗理念，于1999年创立了接纳与承诺疗法（Acceptance and Commitment Therapy，ACT）。

可见，正念疗法从诞生到成为潮流的过程，正是正念禅修传播到美国后，逐渐脱离其佛教背景，不断获得科学验证和认可的过程，也是西方传统心理治疗为突破其局限和困境而不断从佛教思想中汲取营养的过程。因此，有学者将正念的潮流称为佛教与心理科学的相遇和融合。

2.正念疗法的概念

目前的正念疗法可以分为两类：正念训练疗法（如 MBSR 和 MBCT），其特点是直接以正式的正念练习为基础，融合心理教育，教授来访者在生活中的心理应对技能；正念教育疗法（如 ACT 和 DBT），其特点是以正念的特定内涵作为理论基础，根据患者的特殊情况，通过特定的心理干预技术来培育其正念品质。

需要注意，这只是依据促进正念品质的两种不同方式所进行的划分，隐含的假设是正念作为一种心理状态或人格特质有助于促进个体的心理健康和幸福感，或者正念状态本身就是一种极佳的心理健康状态，正念特质明显的个体则是心理健康水平高的个体。因此，正念疗法流行后，临床心理学家开始重新思考西方传统的心理治疗方法的疗效机制，认为正念作为一种心理过程是传统心理治疗各个流派产生疗效的共同因素，正念未被发现和明确提出之前，传统疗法就已经在“无意识地”应用正念。因此，当这种共同因素被明确地提取和描述为正念后，治疗师就能够以促进正念为目的，根据来访者及其问题的特殊性，灵活地应用治疗技术和调控治疗过程，而不会局限于正式的正念训练。

3.日常生活中的正念练习

（1）正念行走

在行走时，将注意力集中于此时此刻，感受脚的动作，感受脚与地板接触带来的感受，感受脚部向前运动时的细微的重心变化过程，感受行走时腿部肌肉的活动与感受，进而扩展注意力，感受整个身体的运动状态，感受周围的环境给耳朵带来的听觉，给皮肤带来的触觉。在此过程中，仅接纳性地观察以上意识经验，不作评判。

（2）正念进食

在饮食时，努力活在此时此刻，感受使用餐具时手与臂的动作，感受口对食物的咀嚼和吞咽，感受味觉的产生和变化，感受在食物的刺激作用下，唾液的分泌。在此过程中，仅接纳性地观察这些过程产生的意识经验，不作评判。

以上是两种典型的日常生活中的正念练习，目的是将注意力指向正在进行的日常活动，对活动中产生的意识经验始终保持接纳性的觉察，不作评判，努力地让自己活在此时此刻。因此，非正式的正念练习可以在觉醒时的一切日常活动中进行，而且正念疗法也非常提倡这样的练习。因为每时每刻保持接纳性的、不作评判的觉察是正念练习的目的，正式练习的最终目的是将练习中培育起来的正念状态保持和贯彻到日常生活中。

4.正念疗法的应用

正念疗法十分注重当下，并不作评判，这种特点十分受临床治疗的青睐，应用十分广泛。慢性的疼痛和纤维肌痛可以采用正念减压疗法进行缓解。在进行正念疗法的过程中，治疗者让患者进行正念冥想，让其注意力集中在当下的某个事物上，经过不断的冥想，患者就可以将自己的注意力从原本的疼痛上转移到“正念”上，这样患者也就感受不到疼痛，可以缓解慢性疼痛和纤维肌痛。

抑郁症可以通过正念疗法得到很好的治疗效果。由于正念疗法可以让患者的注意力进行有意的转移，并且这种正念的练习时没有评判性的，因此在心理上就没有压力，抑郁症患者很容易就能转移注意力，脱离原来的想法，推翻之前的消极思想，从负面的情绪中缓解过来，这种方式十分灵活，最终可以对抑郁症起到很好的防护和治疗的作用。同时，这种正念疗法也能够很好地调节个体的情绪，让个体的情绪保持稳定，在日常生活中更加容易得到满足感和幸福感，最终提高生活的质量。

正念疗法对糖尿病患者也有很好的治疗效果。经常使用正念训练可以改善人们的生活态度，让人们的内心处于平和的状态，当人们发现自己的身体不适的时候，能够以平和的情绪和客观的态度看待身体，用积极的心态面对疾病，才能有助于疾病的治疗。糖尿病患者的睡眠质量十分重要，拥有一个平稳的情绪才能有助于睡眠，糖尿病患者通过正念疗法精神放松，让糖尿病对自身的影响降到最低。

（二）正念疗法的典型干预模式——正念认知疗法

从正念疗法的发展历程来看，正念认知疗法（MBCT）是第一次将正念训练与传统心理治疗结合而产生的正念疗法，其他正念干预模式基本上模仿 MBCT 的整合方式，而针对不同心理问题各有侧重。从应用的广泛性和高校心理健康教育与咨询的实际出发，MBCT 适合作为心理咨询工作人员学习和应用正念疗法的切入点。如果能通过 MBCT 的学习而真正了解和掌握正念的深刻含义和训练形式，那么在心理干预中熟练应用正念技术也是水到渠成之事。

与传统认知行为治疗及其他正念疗法相比，正念认知疗法具有以下特点。

1.强调正式的正念练习

我们当前习惯使用的内在心智模式在本质上是个体在先天素质与后天环境长期交互作用的学习过程中形成的。这种学习过程伴随着相应的神经结构与功能的塑造，其结果是这种模式成为难以觉察的默认模式，显得“根深蒂固”，因此，我们的生活状态如同“自动导航”。

这种模式在个体适应良好时无须调整和改变，而当其适应不良时（如反复发作的重度抑郁症），则难以通过传统疗法中单纯的情感倾诉和心理教育做出调整，因为其对应的神经生理机制几乎无法在“谈话疗法”的作用下重新建构，而目前通过改变生化机制而缓解症状的药物治疗效果也无法令人满意。

当前，已有研究表明，八周的正念训练可以改变神经结构和功能。因此，反复持续地在“心智行为”层面的操作有助于产生神经生理层面的永久变化。可以想象，形成一种“病理化”心智模式经过出生以后若干年重复发生的内在“刺激—反应”过程的塑造，要克服这种病理模式的情感动力，也需要反复的“心智行为解构训练”。

2.强调接纳与改变的平衡

传统的认知行为治疗强调改变认知内容，“投病人所好”地关注来访者“靶症状”的缓解，MBCT 以及 DBT 和 ACT 则强调接纳与改变的辩证关系和平衡，甚至认为接纳是改变的前提。

在实际操作中，MBCT 并非强调改变适应不良的负性思维内容，而是通过不断训练使得原来自动化的思维能够得到清晰的觉察，且这种觉察并不伴随评判，只是如实接纳。因此，正念认知疗法强调的是改变与想法和情绪的“关系”，而非其本身。

抑郁症病人常有的认知加工方式是强迫性穷思竭虑，这其实是“烦恼设下的陷阱”，将注意资源耗费在通过思考消除现实状态与理想状态的差异，反而进一步强化了情绪和问题。因此，接纳意味着注意资源从固着于问题和情绪的状态中解脱出来，用于更真实客观地体验此时此刻，发现解决问题的新资源，从而使改变自然发生。

3.强调去中心化能力的培育

情绪在人类的长期进化中是作为安全和预警信号系统存在的。这种适应环境的进化结果是，负性情绪产生后，个体很容易对其自动化地认同，认为负性的情绪是“糟糕我”的真实表征，接下来的一切认知加工都以消除情绪为中心。

从客观上讲，个体这种面对情绪时“趋利避害，急于解脱”的体验和决策并不合理，因为情绪产生后不仅有可以控制的心理成分，而且有难以即时控制的自主神经活动和内分泌成分，心境性的情绪还涉及大脑多层神经亚系统的交互回响，因此会延续一段时间。我们可操作的心理加工成分并不足以即刻平息具有时间节律性的情绪，如果一味执着于解脱，反而为情绪的不断自我强化提供源源不断的心理能量。

此时，“无为而治”可能正是促进情绪按其本身节奏尽快缓解的明智之举。去中心化即通过接纳性的觉察，与我们原本习惯化排斥的感受、想法和情绪逐渐拉开距离，解除病理性的认知融合，领悟那些原本厌恶的感受、想法和情绪仅是有来有去的心理事件，并非现实自我的真实表征，从而不断培育觉察情绪并与其和平相处的能力。

4.强调两种心智模式的平衡

正念认知疗法的创立者提出了两种心智模式：基于差异比较和追求目标的行动模式、正念训练所培育的存在模式。前者植根于进化形成的人类特有的心理属性，以语言和概念为工具和材料进行心理加工，以消除现实和理想之间的差异，这种模式能够监控理想和现实的差异，在个体感知到差异时往往被自动化地激活，并且循环反复，直到目标达成。

对于我们适应环境的大多数任务来说，这种模式是功能良好的，因此也能在任务完成时随之停歇。而对于“避苦求乐”等常常存在失败风险的心理任务，这种模式则难遂人愿，即便如此，其运行并不轻易停歇，表现为逃避或贪执、留恋过往和幻想未来。过去和未来只能用抽象的概念和语言加工去间接感受，这个过程将耗费大量注意资源，从而忽视对环境即自身全面的感知，使得个体面对此时此刻只能变得狭隘，无法活在当下。

正念训练所培育的模式则主要调动我们的感觉、知觉，尽可能地止息语言和概念为材料的心理加工，将注意资源投向此时此刻的身心状况，即便在意识中产生了语言和概念构成的想法，也只是接纳性地清晰觉察，将其视作自由来去的心理事件，而不通过评判来进一步认同和加工。因此，存在模式有意识地“活在当下”，与想法与情绪“和平相处”。所以，正念认知疗法的理念是培养存在模式，在两种模式之间灵活地保持平衡。

（三）正念疗法理解和应用的注意事项

1.正念本质上是一种存在方式和生活实践

正念本质上是一种存在方式和生活实践，掌握和应用正念疗法要以此为基础。前面也提过，正念疗法不是参加几次培训工作或者学究化的理论阅读就能学到，也不是播放指导语和来访者一起练习就能应用。实践正念很有可能需要用一生去投入。

我们每时每刻的感觉、想法、情绪和行为反应几乎都源于广义的“刺激—反应”习惯模式，同样，只有每时每刻都用好奇和接纳的态度去觉察自己，才能引发并不断培育正念的品质。

对于学习和应用正念来说，生活是最智慧的老师，“时时勤拂拭”的正式练习是最好的干预技术，以正念方式存在于世的自己是最好的治疗工具。只有不断地通过正念实践来理解自己，才能同理和共情来访者的痛苦；只有自己获得成长，才能带领来访者成长。

2.正念背后隐含着另一种心理健康理念

正念背后隐含着另一种心理健康理念，教授和应用正念时，须对此深刻领会。

正念的定义是对其练习方式的描述，实则是佛教心理健康理念的浓缩。在东西方文化与临床心理领域的合流过程中，这种理念已经被普遍接受，弥补了传统心理疗法不足。

在西方主导的心理治疗体系中，正念疗法毕竟属于新疗法，初学者往往囿于传统心理疗法的健康观，容易将正念简单化理解，视为新的放松技术，造成认识偏差，应用的效果也大打折扣。

实际上，对这种理念的真正领会要有丰富的正念练习经验作为感性素材，而咨询过程中也是通过带领练习或通过其他隐喻性的方式，让来访者接受这种理念，从而产生疗效性改变。

3.要以科学心理学为基础理解练习经验

正念来自佛教修行，佛教文献对正念的描述是站在佛教的认识论立场的，正念流行于临床心理学界后，西方的科学主义认识论也对正念进行了解读，描述了正念练习涉及的神经过程、生理过程和心理过程，这促进了我们对正念的准确理解。因此，我们要以科学心理学为基础来理解练习经验，明确各种练习中涉及的心理过程。

在目前的疾病分类系统中，各种心理障碍都有其相应的特殊心理病理研究，同时人格变量与心理障碍也存在交互作用，作为临床实践者，应该对此有一定认识基础。

正念训练的特点是向内觉察自己的心理活动过程，咨询师不仅要了解各种正念练习涉及的心理过程，还应该对导致来访者问题的特殊心理病理过程清楚了解，并且和来访者一起分享这种问题概念化，如此运用正念才能更为科学合理，达到效果最大化。

4.高校心理咨询中应用正念的注意事项

目前，国内高校心理咨询主要采取团体干预的形式将正念应用于心理健康教育。初学者（无论是以应用为目的的咨询师，还是以解压为目的的普通学生）往往会对这种简单、重复的练习感到枯燥，会觉得是在耗费时间，缺乏坚持性。

须知，正念的“见效”一定是建立在充分练习的基础上。这就需要练习者重新澄清自己的练习动机和目的，学习关于正念的理论资料，增强信心，调整练习时间和频率，逐渐平衡内心的“得失”感。

在练习过程中，参加者普遍会出现背痛、肩酸和腿麻等身体不适。一般来讲，这些都是初学者的正常现象，经过坚持练习就可以不断克服和适应；也可以灵活调整练习姿势，从自己可以适应的练习项目入手。

目前也有研究中心总结了不宜直接练习正念的疾病，如心脑血管疾病等。对此，咨询师在带领来访者正念练习时，应通过初始访谈和及时查阅相关研究文献，准确地对练习者出现的问题进行评估、解释，做出科学处理，而不应出于考虑自身的“面子”，一味追求“低脱落率”，而将练习强加于来访者，导致更严重的问题。

四、音乐治疗

音乐治疗是表达性艺术治疗中比较经典的疗法之一，也是临床中使用比较广泛的一种表达性艺术治疗方法。音乐本就是所有艺术表达中最容易被理解、最具震撼性的形式之一。

（一）音乐治疗发展的历史背景和哲学观基础

音乐治疗（music therapy）是指经过训练的音乐治疗师，在使用经过系统性设计的音乐干预活动中，产生疗愈性的环境，达到治疗、疗愈的目标，包括康复、保持和改善精神与身体状况。根据不同的目的、场所和使用范围，music therapy 又译为音乐疗愈、音乐疗法等，而主流学者广泛使用“音乐治疗”的名称。音乐治疗是一门交叉学科，涉及音乐、医学、心理学、康复学等学科，它为音乐创造出除传统审美功能外更多实用的应用性功能。

早在古代，人类就开始发掘音乐对身心健康的影响。巴比伦时期，人们使用音乐的宗教仪式作为疾病的治疗，古希腊时期也出现过使用音乐干预精神疾病的尝试，我国在古代也尝试用音乐及乐器治疗疾病。

现代音乐治疗诞生于 20 世纪 40 年代。“二战”后，专业及非专业音乐家来到医院服务伤兵，医护人员发现音乐治疗能明显提高心理及生理的恢复速度与水平，继而开始有医护人员协同音乐家开始研究和开发这项技术，并研究音乐提升人健康水平背后的原理。音乐治疗继而逐渐发展成为一门学科，由临床经验及科学研究相结合作为支撑，相继在不同大学开展学科的推广、教学和研究。

18 世纪晚期，欧洲的医生们已经开始支持在疾病治疗中使用音乐，而最早涉及现代音乐治疗的文字出现在 1789 年《哥伦比亚杂志》（Columbian Magazine）上没有署名的文章《关于音乐与身体的思考》（Music Physically Considered）中，而最早涉及治疗性的文章由埃德温·阿特利（Edwin Atlee）和塞缪尔·马修斯（Samuel Mathews）在 1800 年发表。19 世纪晚期，兰登·爱德华兹（Landon Edwards）在纽约布莱克威尔岛（Blackwell Island，现在的罗斯福岛，即 Roosevelt Island）上针对岛上精神病院里的病人开展了大量无规划的、尝试性的音乐实验。后来，脑神经病学家詹姆斯·康宁（James Corning）针对音乐与情绪、睡眠的关系进行了更科学化的研究。在 19 世纪，音乐用于治疗这一理念被不同专业的人士，包括音乐家、医生等对其有兴趣的先驱们研究并付诸实践。20 世纪，护士伊萨·伊尔森（Isa Ilsen）和为"二战"士兵做干预治疗的音乐治疗师哈里特·西摩（Harriet Seymour）等人对现代音乐治疗技术专业化的使用和推进起了关键性的作用。

音乐作为贯穿人类发展过程的文化符号之一，同时贯穿每个个体一生的发展，对人类的意义不仅是文化现象和产物。音乐为人们带来的既是集体文化的体现，又是个性化、带有隐私信息的体验。音乐治疗的理念强调，每个人都能拥有个性化的音乐体验并产生个性化的体会；体会音乐，是每个人天生携带的能力；体验音乐，是每个人都能自由享受且无法剥夺的权利。

现代音乐治疗发展的过程决定了音乐治疗注重来访者的个人体验、疗愈和发展，因此非常注重来访者的感受并以来访者的需求为中心。音乐治疗应首先体现对个体需求的尊重和重视。

在以来访者为中心的音乐治疗干预中，为了尊重和重视来访者，治疗的伦理道德应当设定并被遵守，伦理道德是任何治疗应考虑的先决条件。音乐治疗过程中应当注意以下几点。

（1）来访者的选择是带有个性的，咨询师不能因为个人的宗教、受教育程度、生活习俗、音乐偏好而产生负面评价。

（2）与来访者的关系应保持在专业的范围内，避免双重甚至多重关系的产生。

（3）注意保密原则与保密例外的情况。

（二）音乐治疗流派与音乐治疗过程

1.音乐治疗流派

音乐治疗在世界各地都发展出了有规模、有系统的，针对不同人群的流派或专业方向，常见的有脑神经音乐治疗（neurological music therapy，NMT）、鲁道夫－罗宾斯音乐治疗（Nordoff-Robbins music therapy）、新生儿监护音乐治疗（neonatal intensive care unit，NICU）等。在实际临床运用中，则须考虑病人需求，综合各流派技术制定干预方式。

音乐有组成元素的复杂性及各元素组合的多变性，以及与不同领域交叉合作时可体现出不同风格、元素、组合等特点。音乐治疗涉及的专业非常广泛，在临床中实际应用时与不同的专业交叉使用，医疗支持、发展发育、物理康复、语言康复、作业治疗、心理咨询、特殊教育等专业都有音乐治疗师的身影。

音乐治疗在不同场景下的治疗目标有所变化。例如在肿瘤病房，常见的治疗目标为疼痛管理、情绪稳定、医疗过程支撑；在安宁病房，常见的治疗目标为疼痛及呼吸管理、维持生活娱乐质量、记忆唤起及生平回忆；在心理咨询中，情绪的表达、情绪的定位、潜意识的表现甚至行为的改变等方面都可以是音乐治疗的目标。心理的需求对于不同的来访者来说都是存在的，因此音乐治疗在心理方面的运用可能涉及情绪的改变、自我表达、自我体会及理解、感情的抒发、自我目标的制定和追求等。

2.音乐治疗过程

音乐治疗与其他治疗一样，干预的界定方式与常见的治疗方式类似，其干预过程需要有完整的步骤以确保治疗性。一般临床音乐治疗的过程分五个步骤进行：一是评估；二是制定治疗目标；三是根据制定的目标进行治疗干预；四是回顾和反馈；五是中止或继续干预。制定目标的过程一般由受过专业训练的音乐治疗师和来访者共同决定，必要时与医护人员、家属、监护人商量共同决定。

在评估过程中，治疗师需要注意：一是要与来访者交谈，并有必要与其家属或监护人交谈，做出客观交谈记录；二是在音乐环境与非音乐环境中观察来访者，做出客观观察记录。音乐治疗干预的目标制定为干预过程中重要的一环，治疗过程由目标决定，而目标则由音乐治疗师根据来访者的需求制定。目标的制定需要满足一定的原则，即有价值、适合来访者、可测量、可操作，制定的目标也需要最终回归现实需求。

在干预实施过程中，治疗师观察并贴近来访者的行为和情绪，用音乐迎合并烘托来访者的状态，达到吻合同步的状态，称为协同。而在此基础上，治疗师将带领并帮助来访者调整到期望的心理与生理目标方向。这一协同并带领来访者改变的过程，在音乐治疗中称为同步原则（ISO principal）。同步原则几乎能应用在音乐治疗的所有干预中，包括心理或生理的干预目标，其过程在于觉察来访者的状态，产生共情或共振，并有计划地改变来访者以达到设定的目标。

（三）音乐治疗原理

不同流派和方向对音乐治疗原理的理解不同。音乐能在无意识中影响人的认知、行为、情绪、生理指标。当音乐配合有计划的治疗实施程序和步骤，就能达到一定的治疗目标和治疗效果。

人们一般通过听觉系统接收声音。声音通过外耳传过中耳到达内耳，通过耳蜗输入大脑听觉系统。大脑的功能分区已有一定概论，但功能的分区并非单一性的，且具有一定的个体差异，而这个特点给音乐治疗以良好的生理前提。目前的医学研究显示，人脑处理音乐的区域分布在各个角落，与语言能力、运动能力、记忆能力、高级认知能力等功能区均有重叠处，意味音乐的输入、输出与人们的语言表达和理解、记忆创建及寻回、肢体运动、感知及认知、抽象想象能力、计划执行功能、情感体会和表达等均有联系。

例如，语言信息的输入有具体相关的大脑分区，布洛卡区负责表达性语言内容，威尔尼克区负责理解性语言内容。当这些脑区受损时，可以通过音乐的使用，配合音乐治疗的技术进行有计划的干预，促使损伤的大脑功能由其他部分代偿，促进部分语言功能的恢复。

音乐治疗在心理范畴的运用涉及音乐与记忆、情绪、生理指标等内容的互相影响。人的愉快心情与大脑多巴胺、催产素等物质的分泌紧密相关，而适当的音乐能促进多巴胺等神经递质的分泌，使人产生愉快的心情并希望重复尝试。人们在听到熟悉的音乐时，等待并迎来音乐的高潮时，大脑能大量地释放多巴胺和激励奖赏回路。

音乐本身亦是文化的代表。文化是人们在集体中发展而来，是个人认同感高的经历融合的成果。音乐的旋律和节奏等元素，是音乐里特有的。不同的音高以一定规律组成句子，产生了旋律。这些特有的元素使音乐在触及人心灵方面有着不可替代的作用和效果，并使人从中产生文化认同感，从而使来访者在治疗中产生联结感、代入感、认同感。

音乐能帮助人们社交。音乐本身就涉及各种类型的社交活动，包括表演、合奏、音乐创作等。研究表明，当一群人一起歌唱时，尤其是即兴歌唱时，能增加血液中的催产素浓度，建立信任感和同理感。

音乐能帮助人们记忆信息和场景。音乐有强大的携带信息的能力，通过固定的节奏和结构，能模块式组合零散信息，使人的注意力快速集中并将信息映入脑中；音乐能通过朗朗上口的旋律和乐句，让人们的大脑长期、稳定地留住信息。

音乐能唤起情绪。音乐带给听众的信息除了有情绪、感情、故事背景、特色旋律、节奏等文化因素之外，还有个人记忆下的特定情景、片段、事件、即时感受、延时感受和其他复杂的个人体验与感受。人们经历的特定音乐体验和记忆，印象最深刻的往往是强烈的情绪记忆，如纪念日播放的有特殊意义的曲子，或亲人生前一起聆听的旋律。经过有计划的干预，音乐治疗能从个体的记忆中抽取意义重大的内容进行加工处理，从而达到治疗目标。

在心理咨询中，咨询师需要与来访者共情以获得信任、理解和进一步的自由表达；在音乐治疗中，治疗师通过执行同步原则，和来访者达到音乐上的协同。在使用音乐进行心理干预的过程中，协同表示治疗师与来访者达到音乐与情感上的共情而互相支持的状态。在协同的状态下，来访者能即时感到治疗师对自己的理解与支持，在音乐中发展、升华情感并产生更自由的自我认识和意识的输出。

（四）音乐治疗的发展取向

1.心理治疗取向的音乐治疗

音乐治疗的理论在最开始是以心理治疗的理论为基础的。音乐治疗的理论大部分都由音乐治疗学派演化来的。除了心理动力取向音乐治疗、行为取向音乐治疗、认知取向音乐治疗之外，还有一种引导想象治疗，这种治疗方法是融合了一些心理治疗学派的思想发展而成的。基于心理治疗理论的音乐治疗我们可以称为心理治疗取向音乐治疗。

2.医学取向的音乐治疗

医学领域很多方面的治疗都应用了音乐治疗，音乐治疗除了受到心理治疗或者心理学理论的影响产生了不同的治疗模式，不同的医学专业理论也作为音乐治疗的理论基础产生了各种类别的音乐治疗学说，比如说音乐治疗的护理理论、职能治疗模式、中医理论等。

3.教育取向的音乐治疗

音乐教育也属于隐喻治疗的一种，治疗者通过为患者打造不同的感觉，包括视觉、听觉和触觉等，让患者调动自己各方面的能力，从而积极地参与到游戏活动中。患者可以通过这种方法塑造自己的认知、情感和意志。这项理论和研究也可以用到对儿童的教育上来，通过音乐教育训练和发展儿童的各种功能的开发。最有代表性的音乐教育模式有奥尔夫的音乐教育模式和达尔克洛兹的音乐教育模式。

（五）音乐治疗技术

由于针对人群和工作原理的不同，音乐治疗中各个流派的干预方式不尽相同，人们最常意识到的音乐使用方式便是聆听。在音乐治疗中，亦可有计划、有技巧地聆听音乐，并配合心理咨询的技术来进行进一步的治疗。除积极聆听音乐外，常见的音乐活动还有现场演奏音乐和进行音乐创作。现场演奏音乐为来访者营造放松、自由、无拘束的表达场景，也给予治疗师以观察与了解来访者的机会，并使治疗师在来访者主动表达的情况下与来访者交流。音乐创作由于个性化的程度非常高，来访者可以在此过程中自由表达与发泄情绪。音乐也是私密的个人信息，能让来访者在低压的场景下察觉和解读潜意识，使来访者更容易理解并接纳自我，也创造了一种缓和的、可直接传递自我感受和个人体验的通道。

1.聆听音乐

聆听音乐是非常常见的日常活动，每个人都有聆听音乐的能力和不同的聆听偏好。聆听音乐可能唤起人们不一样的内在情绪与感知，而在有技巧地引导下，主动聆听音乐也可促进达成治疗性的目标。

音乐的选择是音乐治疗中至关重要的一步，选择对来访者有意义的音乐可以更有效率地达到治疗目标，而不谨慎的音乐选择则可产生对治疗关系或干预效果的负面影响。

音乐的选择范围非常广泛，音乐能与人的情绪、记忆、情感、事件、信息等思维认知涉及的内容产生联系，而无论这种联系是正面、负面抑或是中性的，都有个体的独特性。因此，在干预过程中，音乐的选择一定要慎重，并在需要时及时进行修改。

一般来说，在被动或主动聆听成品音乐作品时，音乐治疗师并不会直接为来访者作出选择，而是在了解来访者，并且与之交流沟通过后，为达到干预目标而做出选择。简单来说，就是从来访者的角度来考虑而做出选择。

因为每个来访者都有个体的独特性，治疗师无法武断地将音乐分为舒缓或活跃、悲伤或快乐，不能简单地给来访者开所谓的“音乐处方”。一首普遍认为“舒缓”的歌曲，可能会对某些与这首歌有创伤经验的来访者产生相反的效果。最直接的音乐选择方式就是询问来访者的偏好。

2.创作音乐

自主创作音乐可以帮助来访者表达自我、发掘内心、了解自己、发泄情绪、展开思路、厘清想法等。创作音乐的方式较为自由，来访者有广阔的选择范围，但需要治疗师有一定的音乐创作水平，以支撑来访者的自由表达，其中，治疗师需要避免无意中给来访者附加个人意见或过多的引导。

（1）改编已有音乐

治疗师可以通过与来访者共同工作，在改编已有音乐的旋律、节奏、风格、歌词、乐器、伴奏形式等内容的同时，达到干预目标。治疗师需要对来访者的偏好有一定了解，并有一定的音乐改编能力。

（2）作曲

来访者可以和治疗师一起从零开始创造属于来访者自己的音乐，形式、体裁、风格等都可以在讨论过程中产生，并通过创作的过程来进行疗愈，创作后也可以进行讨论。这个技术要求治疗师对音乐的元素有一定的了解与把握，并使用积极的引导技术调动来访者表达自我和创作。

3.演奏音乐

现场演奏音乐的过程本身具有疗愈性，通过现场乐器的演奏和自身的发声，在有规律的干预下进行演奏，可促进达到干预目标。一般来说，乐器的质量越好，产生的音响效果越好，则产生的疗愈性力量越大。现场演奏乐器对治疗师的音乐素养也有一定要求，治疗师需要能够掌握乐器的演奏、人声的演唱、现场质量和效果的把控、对来访者近距离的观察和调整等。

乐器的选择与聆听音乐的选择都应从来访者的角度考虑而做出选择，即要考虑来访者的文化背景、信仰、成长环境、世界观、价值观、听觉和触觉的敏感程度等。

如果选择现场演奏音乐，就会使用不同的乐器。除了考虑治疗师自己的音乐演奏水平、乐器的特点外，还需要根据来访者的特点或者与来访者交谈讨论后决定使用的乐器：一是尺寸、外观、颜色；二是乐器的文化特点，如是否有某些特殊的文化背景和含义；三是音色的特点和内容的表达方式，如音色是否符合来访者的要求或目标；四是乐器的音量，是否在来访者能接受并有影响力的范围内；五是音乐治疗案例分析实践。

在心理咨询中使用音乐疗法时，聆听音乐需要有乐理和音乐美学的背景知识，其他操作会涉及一定的音乐技巧及现场音乐演奏、演唱水平，对来访者的音乐素养有一定的要求，而且要求咨询师同时具有音乐技巧与心理知识。音乐疗法并非适合所有人使用，当来访者认为语言表达更舒适而更偏好通过语言干预时，坚持使用音乐疗法可能会有一定的阻碍。

音乐疗法可在心理干预时单独使用，也可结合其他心理咨询技术使用。音乐疗法结合其他心理咨询技术，可以扩大音乐干预的技术使用范围，方便来访者自由表达与发泄情绪、解读潜意识、接纳自我，能够提升心理咨询的质量和丰富心理咨询的手段。

第三章 角色改变下的大学生心理健康教育

大学阶段和高中时期的环境、生活方式都有不同，大学生的角色发生了改变，会产生不同的心理问题，本章主要介绍大学环境适应与身份角色改变、大学生的自我意识发展两方面的内容。

第一节 大学环境适应与身份角色改变

一、大学生大学环境适应

人们进入全新的、陌生的环境中都会产生一定的心理反应，这需要一定的过程来适应。人们需要在这种适应的过程中逐渐摆脱之前熟悉的习惯和心理等，积极改变自己的生活方式和思维方式来符合新环境对自己的要求。大学生从高中阶段进入大学的陌生环境，需要适应大学的生活和学习环境就需要逐渐摆脱之前的高中环境中的各种习惯和期望，适应大学生活的方式。

二、大学生提高适应能力的方法

（一）适应新的生活环境

1.适应校园环境

与中学相比，大学校园规模大，物理环境、生态环境和人文环境都比较复杂。高校上课的教室也不固定，一门课结束以后，往往要换到另一个教室，有的甚至路途很远。因此，大学新生入校后首先就要熟悉校园的“地形”，了解教室、图书馆、商店、食堂的具体位置，合理规划上课、吃饭、回宿舍等日常生活的路径，尽早适应校园环境。

2.学会理财

大学生的理财经验一般都很薄弱，如果花钱大手大脚很可能使自己的大学生活陷入窘迫状态。所以，为了以后自己的大学生活不受金钱的影响，大学生需要对自己的生活开支进行了解和分析，最好做一下预算，划分好必需开支和不必要开支，量力而出。可以给自己制订每个月的消费计划，并且这个消费计划必须是切实可行的，然后按照计划进行消费。大学阶段要把生活的中心放到学习和技能的提高上，在这上面多投入一些精力和资金。

3.合理安排时间

大学生首先要学做时间的主人，应学会权衡，看自己究竟有多少可支配的时间，合理地安排业余活动时间。对各类讲座、社团活动，要有选择性地参加，对于那些和自己专业或者自己的发展目标有关的活动可以积极参加，这样可以帮助自己更快地成长。大学生要学会自己支配活动的时间，不能被活动牵着走。

（二）适应新的学习环境

1.根据兴趣与专业选择课程

大学生选择选修课可以根据自己的专业特点来选择，或者大学生也可以根据自己的兴趣爱好来选择选修课，不能单纯为了好修学分而选一些和自己的专业和兴趣一点也没有关系的课程，要让自己成长为“通才＋专长”的新型人才。

2.制定可行的学习目标

俗话说：师傅引进门，修行在个人。高等院校尤其如此，大学里的学习气氛是外松内紧的。大学生要根据自身情况，制定长期目标和短期目标。比如大一、大二重点学好英语和计算机，争取尽早通过英语四级考试，取得计算机二级或三级证书。确定了近期目标就要付诸行动，空余时间可以参加各类英语或计算机辅导班充实自己。如果准备升学，大一或大二就该为之准备了。总之，我们要设法让自己在大学期间尽可能忙起来，给自己施加一点压力，这样自然就会觉得踏实了。

（三）培养良好的心理承受力

1.正确认识和评价自我

大学生要根据自己的特点来分析评价自己，找出自己的优缺点，根据自己的实际能力正确地制定目标。对于长期目标，可以依据实际情况分阶段完成，在成功中体验愉快和满足，逐步提高自信心。

2.增强对失败的认知能力

失败是个人成长过程中不可避免的人生经历，大学生应该正确地认识人生挫折，正确地认识失败，学会多方面收集相关事件的信息，分析失败的原因，争取变不利因素为有利因素，化消极因素为积极因素，促使失败向成功方面转化，把失败当作成功的阶梯。

（四）建立良好的人际关系

1.处理好与室友的关系

大学的学生一般都住校，因此大学生活是集体的生活，同学们睡觉、学习、吃饭等都在一起，就像和自己家人一样，如果和他人的关系不能很好地处理，就会对同学们的心理造成很大的负面影响。同学们要学会宽容待人，在共同的学习和生活中友好交流、共同进步，学会学习他人的长处来弥补自己的缺点。待人真诚，学会尊重他人。

2.处理好与任课老师的关系

大学生往往会觉得大学老师缺乏亲切感，这是一个误区，如果与老师处理好关系，就会发现他们也很有亲和力，他们除了教同学们知识以外，还会教给同学们更多的社会经验，这是大学老师的又一特点。

第二节　大学生的自我意识发展

一、自我意识概述

（一）自我意识的概念

有的学者认为人对自己的认识情况、对周边的人和自己的关系的认识就是自我意识。有的学者认为是人们对自己的了解情况，比如说自己的身心状况、对周边的情感和认知等，有这些认知和情感产生的意象就是自我意识。

综合上面的常见观点，自我意识可以总结为人们对自己本身的了解情况，包括身心状况以及对周边环境的认识和评价等。

美国心理学家乔治・赫伯特・米德第一次从传播学的角度论述了自我意识中主我与客我的关系。与詹姆斯不同的是，他的“主我”指的是有机体对他人的态度所做出的反应，“客我”则是个体获得的一组有组织的他人的态度。换句话说，“主我”是现实生活中的自我，“客我”则是他人评价中的自我。

约哈瑞窗口理论（图 3-2-1）是由美国心理学家约瑟夫・勒夫特和哈林顿・英格拉姆提出的。他们认为，每个人的内心都由 4 个领域构成。

（1）公开的自我。这部分自己知道，别人也知道。比如，我和其他人都认为我是个开朗的人。

（2）盲目的自我。这部分别人知道，但自己不知道。比如，我并不觉得自己是个小气的人，但在与别人交往的过程中，别人都觉得我是个小气的人。

（3）秘密的自我。这部分自己知道，但别人不知道。比如，我是一个同性恋者，但因为有所顾虑，我并没有对外公开，只有我自己知道。

（4）未知的自我。这部分别人不知道，自己也不知道，需要一些契机才能被激发出来。比如，我不知道自己恐高，别人也不知道。

	别人知道	别人不知道
自己知道	公开的自我	秘密的自我
自己不知道	盲目的自我	未知的自我

图 3-2-1 约哈瑞窗口理论模型

（二）自我意识的结构

1. 自我认知

自己对自己有什么样的认识就是自我认知，自我认知的特点就是认识主体和认识客体的统一。

（1）自我认知的内容

人们对自己外在表象的东西都有很清晰的认知，比如一个大学生通常都很了解自己的身高、体重、外貌等，但是自我认知不光包括这些外在的特征，还包括认知自己的心理状况，这种心理认知要比外在认知难得多。

自我认知的内容大体上分为三种。

生理自我，是指个体对自己生理上的特征的认知，包括我们前面所说的身高、体重、性别等的认知。一般每个学生对自己的生理认知都很清楚，尤其是女生更加关注自己的相貌和体型，男生更加注重身高等。

心理自我，是指人们对自己的心理状况的了解，包括对自己的情绪、能力、价值观等的了解。

社会自我，指的是人们在社会中扮演什么样的角色和有着什么样的人际关系的了解。

古语说：人贵有自知之明，这也说明了自我认知的重要性。

（2）自我认知的途径

自我认知的途径是多方面的，将以往的经历与现在的自我联系起来，思考我之前曾做过什么、我之前做事的时候是否努力、事情的结果如何，这些思考能更好地了解自己。

和他人进行比较也认为是了解自己途径的一种，比如说了解自己在学习上是否比别人用功？自己的人缘和别人相比是否更好或更差？通过和他人比较，才能更加客观地认知自己。

2.自我评价

自我评价是找到一定的普世标准，根据这个标准对自己的日常行为表现和资金的特征进行价值判断。比如说，觉得自己十分漂亮、认为自己的能力很强、自己很有魅力等都是自我评价。要先对自己有一个正确的自我认知才能正确自我评价。虽然生理上的自我都有客观的标准，比如说平均身高和体重等，但是心理上的很多自我认知的标准是很模糊的，所以就需要选择一个合适的参照系。

和社会进行比较是每个人都有的情况，如果和社会的比较使用恰当，就会产生积极的影响，但是使用错误的社会比较就会有消极的影响。

3.自我体验

个体主观上的认识对客观上的认识的态度就是自我体验，自我评价决定了自我体验的好坏。如果对自己的评价都是积极的，比如说觉得自己漂亮、聪明等，就会产生积极的体验，就会感到自信和自尊；如果对自己的评价是消极的，比如说觉得自己长得丑、能力差等，那么自然会产生消极的情绪，体验也会消极，产生自卑等。

自我体验的内容一般都很丰富，自我体验的内容很多也是相对的，比如成功感和失败感、自豪感和羞耻感等。有什么样的情绪活动就会有什么样的自我体验，情绪的功能是十分强大的，具有动力性，自我体验也就会有推动或者阻碍个人发展的作用。

4.自我调控

自我调控通俗着说就是自我控制，人们都有调整自己情绪和行为的能力，这种调控是为了促成某种活动的需要的。自我调控对人的发展十分重要。

自我调控也分形式，有初级控制和次级控制。初级控制的重心是改变环境，让环境来适应满足自己的需求；次级控制的重心在于改变自己，让自己的行为和认知符合环境的要求。有什么样的认知就会产生什么样的活动，初级控制以行动为主，次级控制更加注重认知。

以下是次级控制的表现。

（1）预见性控制，是指个体对将来发生的事具有预见性的判断，认为自己的能力达不到，不能完成，为了让自己不被失望，提早进行逃避和退缩，这些都反映了个体试图抑制对事情的期待。

（2）虚幻控制，认为自己不能控制的事情是因为自己运气不好。

（3）替代性控制，认为自己没有他人有权利所以才不能控制事情。

（4）理解性控制，对上面三种控制的原因理解不可控的经验，最终接受这些经验。

海克豪森和舒尔茨更看重初级控制，认为初级控制重要使得原因是这些控制重点放在对外界的控制，个体能够通过自己的努力改变环境，然后达到自己的需求，并且发挥自己的潜能。但是在改变外界的环境中往往会得到失败的结果，所以就导致人们开始选择目标，这样其实就是次级控制了。

初级控制和次级控制在不同的年龄阶段会有不同的选择。人们在童年和成年初期的时候，会更加倾向于初级控制，这种选择在中年中最为明显。但是随着年龄的增长、身体机能的下降、社会角色的丧失，初级控制就不会那么受欢迎了。

二、大学生的自我意识

（一）大学生自我意识发展特点

1.自我认识的主动性增强

高中阶段，个体的自我意识来自自己的学业成绩。而到了大学阶段，个体无论是生理还是心理，都逐渐趋于成熟，能从更多角度来思考问题，自我意识也日趋成熟，对生理自我、心理自我及社会自我有了更多的思考和判断。

2.自我认识途径增多

自我意识的发展与成熟很多时候来自于与他人的互动，即从“镜中自我”中不断获得发展。有别于中小学相对封闭的环境，大学自由的学习和生活环境为大学生拓宽了自我认识的途径。在大学里，大学生博览群书、广交朋友，有机会参加各种社团活动和社会实践活动，这些都极大地促进了大学生自我认识的发展。

3.自我体验丰富、敏感

随着自我评价水平的提高，大学生逐渐认清自己的位置和价值，责任感和义务感增强，自我体验更加丰富、深刻。这使得他们越来越重视自我意识在情感上的表现，即更加看重自己对自己的态度。更加丰富、深刻的自我体验导致大学生对外部世界和自己内心世界的某些方面非常敏感，凡涉及“我”及与“我”相关的事物等，都易引起他们情绪上的反应。如，大学生在学习和其他各项活动中喜欢争强好胜，而一旦受挫或失败就会产生内疚、沮丧、委屈或压抑的情绪。

4.自我控制能力提高

绝大多数大学生会根据自己为自己所设计的“最佳自我形象”，不断地充实自己的知识，培养自己的能力，发展自己良好的性格与品德。但是，由于大学生的意志品质发展还不够成熟，有时候行为随意性较大。例如，有的大学生虽然明确了学习目标，也制订了学习计划，但经常不按计划执行。

（二）大学生自我意识发展的矛盾

1.理想我与现实我的矛盾

大学生抱负水平高，成就欲望强，对自己的未来充满了信心，对社会、对自己的大学生活进行了理想化设定，为自己设定了一个美好的“理想我”。然而，大学生没有真正进入社会，对社会的了解不够深入，大学生的理想和现实有很大的差距，不能很好地结合。

2.思我与行我的矛盾

一般情况下，人的行动往往是对一定想法的反映。但很多大学生可能存在这样一种矛盾的心态：心里想的是一回事，但做的是另一回事；心里喜欢的是一回事，但能付诸现实的是另一回事。例如，小李刚上大学的时候壮志满怀，希望自己能学好专业知识，为国家的繁荣富强而努力奋斗，但实际情况是常常上课打游戏或睡觉，小李一边责怪自己荒废时间，一边又控制不了自己对游戏的沉迷。又如，小刘想在大学期间培养自己开朗的性格，因此打算多参加社会实践，却总是因为性格内向、不善言谈而屡屡被拒，小刘一边想要改善自己内向的性格，一边却因为挫折更惧于展现自己。再如，有些大学生一方面自认为是一个诚实的人，另一方面却又有作弊行为。

（三）大学生自我意识的偏差

1.自我评价偏高

有些大学生高估自己，总觉得自己无所不能，有着强烈的优越感和强烈的自尊心、好胜心，在行为上容易表现出喜欢把自己的意志强加于人，习惯让别人服从自己、迁就自己，行动目标过高等。

2.自我评价偏低

大学生典型的自我评价偏低表现为自我拒绝、自我否定、对人际关系敏感、对奉承反应过度、逃避集体、过度防御、矫饰优越等。

3.自我迷失

有的大学生在丰富的大学生活中找不到自己，不知道自己要成为什么样的人，不知道自己读大学的目的是什么，不知道生活的意义在哪里，不知道该往什么方向走，他们的心中充满了迷茫。这主要是因为他们对自己缺乏正确的认识，从而在外界环境的影响下，容易盲目做出从众行为。

三、大学生健康自我意识的培养

（一）正确认识自己

健康的自我意识是以正确认识自己为基础的。古诗有云“不识庐山真面目，只缘身在此山中”，又有俗语说“当局者迷，旁观者清”，这都说明正确地认识自己是一件很难的事。大学生要正确认识自己，不能单凭个人的主观印象，而是要通过各种各样的社会实践活动、团体活动等，在同他人的相互关系中，客观地认识自己。

1.自我认识的内容

大学生正确认识自己包括三方面的内容，包括生理自我、心理自我和社会自我。既要看到自己的优势也要看到自己的劣势。

2.自我认识的途径

（1）通过与他人的比较及他人的评价认识自己

“以铜为镜，可以正衣冠；以史为镜，可以知兴替；以人为镜，可以明得失。”（《旧唐书·魏徵传》）人们都是通过他人的行为和举止来评价对方是什么样的人的，在评价他人的过程中会不自觉地通过和他人的比较或者通过他人的评价来了解自己、认知自己。

我们可以将他人当作一面镜子，人们通过这面镜子来了解自己、评价自己，他人就是一个个体认识自己的媒介。大学生要学会用多面“镜子”，即学会观察和分析他人对自己的评价，重点关注自己身边的人，对自己了解很深的人，比如父母、老师和同学，他们的评价更加客观，这样自己也能客观地认知自己。

需要注意的是，对他人评价要有一个正确的态度，既不能因过高的评价而骄傲自满，也不能因过低的评价而失去信心。

（2）通过内省认识自己

“吾日三省吾身。”他人对自己的评价并非都是符合实际的，因而要正确地认识自己，还需要经常地反省自己。大学生必须学会自省，学会与自我进行内心对话，对自己的内心世界加以分析，以便能够正确识别自己的心理活动，有的放矢地进行自我调节。

（3）通过活动成果认识自己

通过自己的活动成果来评价自己的能力和品质往往是较为客观的。例如，大学生通过分析自己的学习成绩，可以了解自己的理解能力、记忆力、思维能力的强弱及主观努力的程度等；通过对各门学科成绩的对比，可以了解自己的兴趣点在哪，了解自己的能力有多高。所以，为了更好地认识自己，大学生一定要积极参加社会实践活动，通过活动和人际交往锻炼自己的能力和交际等，这样也能更加深刻地认识自己，评价自己也更加全面。

（二）积极悦纳自己

自我悦纳是对真实的自己抱有认可和肯定的态度，积极地悦纳自己才能让自我意识健康发展。

1.合理运用社会比较策略

正确健康的态度来和别人比较，才能更加真实、更加客观地认识评价自己，这样在比较的时候不会产生负面的情绪，悦纳自己。比较什么，怎么比，对个人的自我评价和自我体验非常重要。

2.创造获得成功体验的机会

成功的体验可以让个人的情绪更加积极，打消自卑的念头，更加积极向上。大学生都有自己优缺点。例如，有的大学生虽然记忆力很好，但语言表达能力一般；有的大学生虽然长得矮，但短跑成绩很好。大学生活丰富多彩，大学生可以有意识地选择参加一些适合自己，自己感兴趣、有专长的活动。

3.及时调整自己的期望值

大学生既不应过分追求完美，使理想脱离现实，也不应期望太低，使理想无法起到激励作用，而是要学会调整期望值，树立合适的理想和目标。

（三）有效控制自己

1.培养良好的意志力

当一个人有良好的意志力的时候，无论面对诱惑还是面对挫折，都能不忘自己的初心。相反，一个缺乏意志力的人，往往难以承受挫折或抑制诱惑。有一些大学生为自己树立了一定的目标和理想，但在努力的过程中却没有足够的意志力，经受不住周围的诱惑，或是克服不了自己的惰性，大学生应该注意培养自己的意志力，通过良好的意志力正确订立目标，积极主动的为实现目标而努力。

2.培养坚定的自信心

大学生要培养自己的自信心，可从以下几点做起:（1）大胆、积极地表现自己的长处，从小事、容易成功的事做起，通过小的成功来增强自信;（2）树立恰当的目标，由近及远，由低到高，逐步加以实现;（3）坚持每天记下一件成功的、可以增强自信的事;（4）学会积极争取他人的帮助，增强成功的概率;（5）淡化失败的体验，从积极方面去总结失败、吸取教训，将失败变为成功之母;（6）相信自己有能力干好每一件事，不断告诉自己“我能行！”“我能做到！”

（四）不断完善自己

认识自己、接纳自己，都是为了进一步完善自己。大学生在完善自己时，需达到以下 4 个目标。

（1）“游刃有余的我”，即不给自己提出脱离实际的过高要求，而是给自己设计可以达到但又不能轻易达到的目标。

（2）“独一无二的我”，即不人云亦云，不再刻意模仿中迷失自我，而是在接受自我的过程中扬长避短，展示出自己的特色。

（3）“极具内涵的我”，即立足现实，选择适合自己的、正确的人生道路，充分实现自己的人生价值。

（4）“社会欢迎的我”，即立身行事要有正确的价值取向，能够得到社会认可。

第四章　大学生知、情、意方面的心理健康教育

与中学时期不同，大学生在认知、情绪、意志品质方面都发生了变化，也很容易在这些方面产生心理问题，怎样应对这些方面的心理问题是本章的主要研究内容。

第一节　认知与心理健康发展

一、认知概述

（一）认知的概念

认知指人们对周围事物的想法或观点。认知理论强调认知过程对行为的意义，认知行为和情绪之所以产生有赖于个体对情境所做出的评价，而这些评价又受个人的信念、假设、想象、价值观等认识因素的影响。心理学的研究实践表明，人的认知方式对一个人的心理行为和心理发展有着重要的影响。许多大学生的心理问题正是由于错误的认知方式造成或加剧的。因此，调整认知结构，改变认知过程，健全自我意识是大学生心理发展的重要内容。

（二）认知的特征

作为一种特殊的心理特性，社会认知具有以下特点。

1.选择性

每个人在日常生活中都会遇到不同的刺激，相对于同样的刺激，每个人所呈现的反应程度也是不一样的。这是因为每个人的经验和认知结构是不同的，根据自己的经验和认知做出对刺激的反应，有的选择一部分刺激信息去面对，其他不能承受的信息就会选择逃避。人类认知选择的因素有两种：一种是对过往面对刺激所做反应得到的结果是积极还是惩罚的体验，另一种是刺激物的作用强度。如果一种刺激物能让个体产生积极的情绪，带来报偿，那么认知也会对这种刺激产生积极的倾向，但是如果刺激物带来的是消极的情绪，让人感到压抑和不快，那么人们很可能选择逃避。

2.显著性

认知的显著性是指人们受到一定的社会刺激产生的心理状态，比如说情感状态和动机状态等等，这种认知的显著性和刺激物的关系十分密切。如果一个刺激物对人们有十分重大的意义，那么人们的认知反应就会更加明显。比如，渴望进入某一单位的毕业生，对有关此单位的各种信息特别敏感，而对其他某种刺激物漠不关心，其认知反应就不那么强烈，甚至无动于衷。

3.防御性

个人为了与外界环境获得平衡、适应社会从而运用认知机制抑制某些刺激物的作用就是认知的防御性。很多专家认为，防御性和人们的认识情况关系密切。个人如果受到消极的情绪的影响，在这种情况下对社会客体的反应和普通情绪下的社会客体反应是不同的。个人的认知防御，主要目的在于维持自我的完整。

4.完整性

当人们在认知的过程中，常常习惯于将认知客体的各种特征进行加工，使其更加规则化，这样就会对客体形成一个完整的印象。这种情况更多地发生在对一个人的判断上。比如说我们看待一个人，如果觉得他又好又坏，诚实的同时又会觉得虚伪，又觉得他既热情又冷漠，人们常常会产生困惑，认为自己对这个人的了解还不够透彻。人们一般是不能容忍自己产生一个自相矛盾的判断的。桑普森把这种判断称为“认知分离”。

二、影响大学生认知的因素

影响大学生社会认知的因素是多方面的，这里所讨论的是影响认知的非智力因素。社会认知不是孤立的、局限于认知系统内的信息加工，而是在整个心理结构中的信息加工。因此，超出认知系统的非智力因素如态度、情感、行为等对认知产生很大影响。

（一）情感与情绪

认知因素包括对过去经验的回忆和对认知的影响。情绪对认知的影响也是非常明显的。例如，当我们心情愉快的时候，如果朋友和自己开玩笑，就不会产生消极的想法，有的时候还会认为对方幽默。但是当我们遇到烦心事，比如考试成绩不理想的时候，如果朋友开同样的玩笑就会觉得对方是在嘲笑讽刺自己。

情绪对社会认知的影响是较为明显的。一个是会对社会认知的归因分析不能冷静客观，造成的认知结果很可能带有偏见和主观性。另外，情绪也会影响认知信息的整合。

（二）态度、价值和观念

态度是一种综合了认知情感的行为倾向。个体所持有的态度和个体的价值观以及保持的信念的关系十分紧密。一方面，个体持有什么样的信念和价值观就会反映出来什么样的态度；另一方面，个体的信念和价值观影响和决定个体的态度。

（三）文化模式

社会认知受文化模式的影响，文化模式也是社会认知系统中的重要组成部分。文化模式是指在某一民族的长期的历史演变中所形成的语言、思维方式、价值习惯、行为观念等多方面的因素。社会认知受文化模式的影响是很明显的。

第二节　情绪与心理健康发展

一、情绪概述

（一）情绪的概念

个体对客观事物的发展有没有符合自己的需要会产生相应的情绪。通常情况下，如果客观事物及其发展符合个体的需求，满足个体的愿望，那么情绪体验往往就是积极的；但是当客观事物及其发展违背了个体的需求，那么个体很有可能产生生气、失望等消极的情绪。

喜、怒、哀、乐、悲、恐、惊，是我们生活中最常见的基本情绪。人们的情绪往往会通过外在的行为表现出来。例如，喜，我们会手舞足蹈；怒，我们会咬牙切齿；悲，我们会痛心疾首；等等。

除了情绪的概念外，在心理学上还经常使用情感这一概念。情感与情绪一样，也是个体对客观事物所持的态度体验。情绪与情感两者有着紧密的联系：情绪是情感的表现形式；情感是情绪的本质内容。同时，两者之间也有所区别：情绪带有极大的情境性，情感则带有很大的稳定性；情绪带有生理性，而情感则具有社会性；情绪具有冲动性，而情感则具有持久性。

情绪是心理活动，同时还是生理活动。情绪上的每一个变化几乎都能引起生理上的变化，所以当情绪反应与客观环境不符或是情绪情感剧烈变化，心情持续恶劣时，身心健康就会受到影响，出现情感性精神障碍，对接触到的事物做出过分的情绪反应。

情绪由四种成分组成：生理唤醒、主观体验、认知过程和外部表现。

1.生理唤醒

身心总是交互的，一个人的心理成熟度取决于其大脑皮层能在多大程度上发挥功能。情绪是有其生理基础的，它涉及大脑、神经系统和荷尔蒙，一个智商低下或精神错乱的人，他的情绪与情感发生时的生理反应也就显得相对单一、极端或者无规律。生理唤醒是指情绪与情感发生时，我们的身体会伴有系列的生理反应和生理变化。例如，人在紧张时会呼吸急促、心跳加快、手心出汗；人在恐惧时会身体颤抖、瞳孔放大；当我们高兴和生气时，血压会升高。

2.主观体验

情绪是没有对错好坏之分的，我们通常根据情绪导致的行为表达，说不清它是正面或负面、积极或消极、愉快或不愉快、喜欢或厌恶……一个人的情绪究竟如何，只有他自己才能真实感受，有的时候连我们自己也会看不清自己的情绪，无法弄清自己究竟在哪一种情绪里。

3.认知过程

同样一件事，不同的人会有不同的感受，这里启动情绪开关的，就是我们的认知评价。认知评价好像一个中转站，它把各种刺激进行分类，触发我们的情绪体验。例如，小安同学在球赛中摔倒，跌破了腿，他也许会想“我真是倒霉，总是遇到不好的事情”，他就会委屈、难过，情绪低落；若他想“我受伤了还能继续比赛，我真是男子汉”，他就会自信、淡然。可见，同一件事对不同的人而言，可以引发不同的情绪反应，这就是认知评价在悄悄发挥功能。

4.外部表现

情绪就是人们的一种内心体验，情绪的产生往往伴随着非语言的行为，比如会产生相应的表情和身体的反应、姿势等。这种非语言的外部行为可以作为人们判断情绪的基础。表情通常分为三种：面部表情、姿态表情和语调表情。

（二）情绪与生理

1.情绪是身体的表达

情绪其实是一种生物的本能，不光在人类身上会表现情绪，动物等各种生命体都会有情绪，这是一种先天具备的能力，情绪的产生是对生命体的保护。当人们面对外部的情境时会产生内在的情绪反应，这些情境既包括真实的客观存在的情境，也包括虚拟想象的情境。因此我们也可以知道情绪既由客观现实引发也由虚拟想象引起。例如，恐惧就是一种情绪，可能是我们面对真实的客观存在的恐怖事物引发了恐惧，也有可能由于我们想象的可怕事物引起的恐惧。情绪是一种能量的流动，和我们的思维模式、遗传基因、原始记忆和深层记忆密切相关。

2.过度情绪与疾病密切相关

情绪本身是不分好坏的，但是人类由于自己的特点将情绪进行分类。人们都是追求积极的、快乐的情绪而排斥痛苦、消极的情绪。但是我们要看到快乐和痛苦是不可分割的，这两种相对的情绪是如影相随的。这种过于拒绝痛苦的情绪的动机反而会引发疾病。

与情绪相关的疾病如下。

（1）情绪因素造成的身体上的疾病。中医关于情绪对疾病的影响有着很好的总结：怒伤肝，喜伤心，思伤脾，忧伤肺，恐伤肾。疾病有没有发展到器质性病变可以分为两类：一种是身体不舒服，但是这种身体的不舒服只是体现在身体表象上，没有器质性病变，比如说感冒、心因性疼痛、心因性呕吐等。另一种是情绪引发的器质性病变，这种更加严重，一般都为慢性病，比如气喘、高血压、紧张性偏头痛等。

（2）情绪可以引发心理和精神方面的疾病，比如抑郁症、焦虑症、恐惧症等。

（3）由情绪因素引发，身心疾病相互传导引发的疾病。其表现特征既有身体器质性或非器质性病变，同时还伴随一些心理精神方面的疾病，病情表现极为复杂多变。

《黄帝内经·素问·举痛论》中讲：“百病生于气也，怒则气上，喜则气缓，悲则气消，恐则气下，寒则气又，灵则气泄，惊则气乱，劳则气耗，思则气结。”①

（三）情绪的影响

1.正常情绪的影响

正常的情绪反应应满足以下条件：第一，本人能够察觉出一些适当的原因造成的情绪反应；第二，造成情绪反应的环境会影响情绪反应的强度；第三，影响

① （唐）王冰编；戴铭，张淑贤，林怡，戴宇充点校.黄帝内经素问[M].南宁：广西科学技术出版社,2016.12.

情绪的因素如果消失，那么反应也会慢慢平静直至消失。

情绪反应只要是正常的，不管是积极的情绪还是不消极的情绪，都具有促进个体适应自己的行为作用。

（1）如果个体的情绪十分稳定，并且常常保持愉快，那么人们的大脑的活动状态也会是最佳的，最佳的大脑活动状态能促使身体的各个器官和系统更加平稳运行，协调性提高，从而在人体表征上表现为食欲旺盛、睡眠稳定、具有充足的能量等，个体的潜能也能得到最佳的发挥，提高个人工作和生活的效率。

（2）愉快的情绪也能平衡身体的免疫系统和体内的化学物质，从而增强对疾病的抵抗力。

（3）适当的焦虑、忧愁、恐惧、愤怒等不愉快的情绪也是正常而有益的。

2.不良情绪的影响

当人在一些情绪的伴随下，比如说忧愁、焦虑、痛苦等，会产生一系列的生理变化，这种情况是正常的，当这些情绪反应消失了，人们的生理反应也会消失，机体会恢复正常。这种生理的反映其实通常比较短暂，影响也不大。但是如果某种消极的情绪持续的时间过长，生理上的反应时间也会延长，长此以往，生命个体的神经机制和化学机制会影响到身体的各个器官，比如说呼吸系统、消化系统、心血管系统等，带来各种疾病。

二、大学生情绪概述

（一）大学生的情绪特点

大学阶段是青少新年成长发育尤其是心理成熟的重要阶段，这个时期的大学生情绪十分丰富，也容易多变、敏感，十分不稳定。大学生的情绪的特点有以下几方面。

1.丰富性和复杂性

如果从生理发育的角度来看，大学生在这个成长阶段正是处在意气风发、追逐梦想的时期，这个阶段大学生的情绪十分丰富，各种情绪可能都有体会，但是情绪的强度可能会有不同。从自我意识发展的角度来看，大学生表现出更多的自我体验，对自尊的需要是强烈的，所以大学生更加敏感、不稳定，这就容易产生自卑或者自负的情绪。从社会角度来说，大学生的交流范围更加广泛，并且也越来越大，同时与同学和老师的交流更加细腻。

2.波动性和两极性

大学生的成长原因，理解水平是有限的，但是随着大学的生活和学习会慢慢提高认知水平，对情绪也能更好地控制，情绪的稳定性也更好，但是和进入社会的成年人相比，大学生的情绪还是敏感的，波动性较大。特别是在社会转型、社会变迁、新老价值观更替等多种复杂的现象中，大学生很容易被带偏，产生困惑的情绪，被情绪困扰。

与此同时，大学生的情绪较为不稳定，自我认知和事业发展等也还没有发展成熟，很容易出现两极分化的特点。

3.冲动性与爆发性

由于知识和认知能力的提高，大学生可以控制自己的情绪。然而，由于他们的兴趣广泛和对外界事物的敏感性，他们的情绪在许多情况下很容易受到刺激。

大学生自我控制能力弱，如果外界的刺激十分强烈，那么很容易爆发情绪，并且大学生有冲动不计后果的特点，很容易受到刺激后再语言和举止上失去理智，造成不可挽回的后果。

4.外显性与内隐性

大学生对外界的刺激反应速度要比成年人更加迅速和敏感，喜怒哀乐更容易表现在脸上，但是如果和中学生相比，大学生相对来说又更会抑制自己的情感，更加含蓄。

（二）大学生的情绪困扰

1.愤怒

导致愤怒的原因一般有两种：外部原因和内部原因。导致愤怒的外部原因主要有：个人愿望没有实现，如升学、提干、评奖等；遇到不平之事，受到侮辱；

权利受到侵犯；上当受骗或者对某人产生嫉妒等。与愤怒有关的内部原因包括：个人性格，个人的意志和自我控制能力，个人的错误认识等。

愤怒对一个人的身心健康有明显的不利影响。愤怒以冲动开始，以后悔告终。愤怒会让人丧失理智，阻塞思维，导致失控行为，如损人、损物、伤人、违纪，甚至违法犯罪。当人发怒时，往会心跳加速、心律失常。由愤怒而导致心悸、失眠、高血压、溃疡、心脏病等的案例并不少见，有时甚至导致猝死。

2.抑郁

抑郁的表现为情绪低落、忧心忡忡、长吁短叹、话语减少、力不从心、思维行动迟缓、食欲不振等生理或心理反应，同时伴随有自我评价低，对前途悲观，具有强烈的无助感，严重的还伴有心境恶劣、失眠，甚至会出现轻生倾向。抑郁人皆有之，对于大多数人来说，抑郁只是偶尔出现，会随着时过境迁而消失。

引发抑郁的主要原因通常有三种：第一，心理和社会因素。如社会生活节奏加快带来的压力或者对社会、他人和自我的片面、偏激的认识等。第二，与遗传直接关系的内源性原因。这类原因引起的抑郁有时与季节相关，有时会莫名其妙地发病。第三，药物导致的抑郁。某些药物，如治疗高血压的药物能导致某些人出现抑郁症状。

3.焦虑

焦虑是人们面临威胁或主观上预料将会有某种不良后果产生的不安感，是紧张、害怕、担忧的混合情绪体验。适应困难、学习压力、人际关系、对能力与修养不足的担忧等均可引发焦虑。焦虑情绪本身并非一种情绪困扰，几乎每个人在考试前或面临重要场合时，都会产生焦虑。适度的焦虑可以提高人的警觉水平，加快心理反应，使得注意力更集中，有利于个人潜能的开发；过度的焦虑使人处于应激状态，使人心烦意乱，导致注意力难以集中，不能正确推理、判断，记忆力减退，头脑反应迟钝，有时还会伴有头痛、心跳加快、失眠、食欲不振等生理反应，以致影响学习、生活和人际关系；焦虑不足，则会导致注意力涣散，使工作、学习效率下降。

大学生最常出现的焦虑是害怕被孤立和被嫌弃（这在大学生宿舍关系中表现

特别明显），害怕失败（学业及其他工作中的表现），害怕失控（基于大学生常常抱怨的迷茫、无助、无力、混乱）。

4.自卑

自卑感人人都有，只是程度不同而已。适度的自卑能激发人奋发努力，取得成功；而过度的自卑则会使人丧失自信。

大学生自卑的产生有主观和客观两种原因。第一，主观原因：不恰当的自我评价；缺乏个人专长；性格、智力等方面的不足，如腼腆、内向等。第二，客观原因：个人先天条件不足，如身高、长相、体形等不如意；学校、专业不如意；家庭方面的原因，如家庭条件较差、父母关系不睦等。

过度自卑对心理健康的影响很大。自卑的学生心理承受能力弱，经不起较强的刺激，过于敏感；他们往往过度关注自己的不足，轻视自己，容易自暴自弃，认为自己处处不行；自卑的学生还常自我封闭、行为畏缩、不敢与人交往，对他人经常产生猜疑、嫉妒的心理。

5.嫉妒

嫉妒是指他人在某些方面胜过自己而引起的不快甚至是痛苦的情绪体验，是一种包含着憎恶与羡慕、愤怒与怨恨、失望与虚荣的复杂情感。

（三）大学生情绪调适方法

不良的情绪对人的身心健康有很大的危害，所以根据大学生容易受到情绪影响的特点，要对大学生进行情绪的指导，并且要让大学生学会自我调节。负面的情绪也分为很多种，不同的情绪所采取的应对方法也有所不同。要根据以下原则来调试情绪。

（1）要积极培养乐观向上的积极人生观。

（2）发现自己的兴趣，多多培养兴趣，学会热爱生活。

（3）学会与人沟通的方法，积极和他人合作，让人际关系更加和谐。

（4）悦纳自己，学会赞美自己、关爱自己。

（5）不要苛求别人，学会用宽容的心对待他人。

（6）对过去的失败要用宽容的态度看待，忘记不必要的伤害。

（7）不要让自己陷在自责的情绪中。

（8）要控制好自己的情绪，对于负面情绪要尽量消化掉。

（9）对于事情的发展不要过于斤斤计较，尽量减少事情的严重性。

（10）忽略对自己不利的事情，减少负面情绪。

第三节　意志品质与心理健康发展

一、意志的概念

意志是意识的能动作用，是为了一定的目的，自觉地组织自己的行为，并与克服困难相联系的心理过程。科学家进行科研活动，学生进行学习活动等都有意志活动的参与。意志一般都与行为相联系，通过行为表现出来，所以又将其称为意志行为。

二、意志的品质

由于人所处的主客观条件的不同，个体在意志活动中的差别很大，这反映了个体的意志特点，这就是意志品质。意志品质主要表现为以下几个方面。

（一）意志的自觉性

意志的自觉性是指个体的行动具有明确的目的性和社会性意义，并主动地按照目的调节和支配行动。有自觉性的人目的明确、信念坚定，行动中不易受外界影响。与自觉性相反的品质是受暗示性和独断。受暗示性较强的人，只能在得到提示、命令、建议后才表现出积极性，容易受别人的影响，表现为盲目行动。独断性的人往往无视客观规律，固执己见。

（二）意志的果断性

意志的果断性是指一个人能明辨是非，适时、果断、合理、迅速地作出决定的心理品质。具有果断性的人，能够全面而又深刻地考虑行动的目的和方法，懂得所做决定的重要性。在动机冲突时能够当机立断，在行动中敢作敢为，但又不失灵活性。

优柔寡断和草率是果断性的对立面。优柔寡断的人，在行动中思想和情感分散，顾虑重重，患得患失，缺乏主见。草率的人在行动中懒于思考，决策缺乏科学性，容易轻举妄动。

（三）意志的坚韧性

意志的坚韧性是指个人能够时刻保持精力的充沛，能够积极面对生活，战胜生活的各种困难，永远向前看，向前进的品质。具有坚韧性品质的人，善于长期维持与目的相符合的行为，能够坚持到底。

与坚韧性品质相反的是执拗，执拗的人只承认自己的意见和主张，不能正确地对待他人的合理化建议，不能灵活对待情境的变化，而是一意孤行，虎头蛇尾。

（四）意志的自制力

意志的自制力是指在人们要完成某个目标的时候，能够很好地控制自己的言行和情感等，这些都是属于意志品质。只有具有强大自制力的人，才能有很强的组织性、纪律性，情绪稳定，注意力高度集中。

与自制力相反的是任性和容易冲动。这种人在行动中，对自己往往不加约束，放任自流，为所欲为，容易受到不良诱惑的干扰。

三、大学生培养意志品质的方法

（一）树立高尚的理想，确立恰当的目标

无数的实践证明，如果一个人的目标定下得越明确，越具体，那么这个目标

就越容易达成。拥有远大的理想再加上目标坚定明确，才能更好地培养一个人的坚强意志。那些心中有大梦想的人有足够的勇气面对困难，克服挫折。因为目标明确，所以心无旁骛，一步步走向目标的终点，也培养了自己的意志力。大学生应该树立起崇高的理想，拥有积极的价值观和人生观，不断努力成长，成为被社会认可的拥有远大目标的人，并坚定实现。

（二）提高对意志品质的认识，树立正确的挫折观

人的心理过程就是知、情、意、行的统一。认知是一切心理过程的基础，同时任何心理过程都需要情感作动力，意志作保障，并付诸实践行动。拥有强大的意志才能克服困难。大学生要想克服困难，首先就要对困难和挫折有一个正确的认识，在付出时间行动之前做好心理准备。挫折在生活中是很常见的，挫折是生活的一部分。面对挫折不要害怕，要坚信我们一定可以战胜它，变挫折为前进的动力。

（三）运用榜样的力量提高意志品质

人的生活需要榜样的力量。榜样能够影响人的心理和行为。大学生培养自己的意志品质不仅可以通过自我锻炼，也要学会使用榜样的力量，学习榜样的做法和品质，通过模仿达到自己的目标。生活中，大学生活可以借鉴的榜样有很多，父母、老师和同学等都可以成为我们学习的榜样。榜样对于大学生的成长作用也是不可替代的。

第五章　大学生心理健康问题与调控

大学的生活丰富多彩，但是大学的学习和生活也会带给大学生各种挫折和挑战，心理承受能力差或者应对方法不当都容易让学生产生心理问题，本章就从大学生时期的挫折与分析、大学生常见心理问题与矫正、大学生异常行为识别与处理几个问题来介绍大学生心理健康问题与调控的方法。

第一节　大学生面临的挫折与分析

一、挫折概述

（一）挫折的心理学机制

挫折心理的形成有 4 个条件。

（1）挫折情境。当我们在前进的道路上，为了满足自己的需求和实现自己的目标，会出现各种障碍来干扰、阻碍我们前进，比如说考试成绩不理想、比赛失败、遭遇校园暴力等。

（2）挫折认知。态度对于挫折十分重要，不同的态度会产生不同的结果，也就是对挫折的情境直觉和认知评价都会不同。

（3）挫折体验。挫折是一种情感、态度和价值观的体验。对挫折的认知不同，体验也就不同。

（4）挫折反应。这种情况是指当人们面对挫折、受到打击后所出现的情绪和行为，包括焦虑、紧张、愤怒等。

上述的四种形成条件，情境是前提，认知是基础，核心是挫折的体验，反应只是面对挫折的外显行为，这四种条件最重要的是挫折体验，因为只有有了挫折体验才会有挫折的反应。

积极心理学研究的重要内容之一就是挫折的积极作用和消极作用。挫折的积极作用体现在可以让人总结失败的经验和教训，反思自己，“吃一堑，长一智”，重新开始，采用更好的办法去满足需要，促使人提高解决问题的能力，培养习得性乐观的积极应对模式。挫折的消极作用体现在可以让人形成习得性无助，让人产生痛苦和沮丧、情绪失措等等，严重的话还会引发身体和心理上的疾病，这种消极的挫折会降低人们的积极性。

（二）产生挫折的主观和客观原因

1.主观原因

主观原因引起的挫折属于内因性的挫折，是由于个人自身的因素引起的挫折感。个体因素包括个体的生理、心理因素。

（1）生理因素

个体的生理因素指个人的身体素质、容貌、健康、身材以及生理的缺陷、疾病所带来的限制，使个体的动机得不到满足而产生挫折感。

（2）心理因素

当人们出现心理问题时也容易感到挫折感。比如说个体因为自己的智力、能力或者性格不足引起的冲突，导致目标无法实现。在心理因素中，个体动机的冲突和抱负水平是产生挫折感的重要原因。

①动机的冲突。人的多种需要可能同时产生两个或两个以上的动机，当需要在动机间做出选择又难以取舍时，就会形成动机冲突。

②抱负水平。一般而言，成功和失败感在心理上常常依赖于个人的抱负水平，达到自己预想的水平就有成就感，达不到就有失败感。目标期望值只有在符合个体的能力发展时才会取得最佳效应，如果过高或过低，就会产生消极影响。

内因性挫折是人为实现目标而采取的行为遭遇无法逾越的困难阻碍时，由于个体因素，即动机冲突、归因不当、抱负水平过高所产生的一种紧张的消极情绪反应、情绪体验和心理状态。

2.客观原因

由客观原因引起的挫折称为外因性挫折，是由于外界因素的阻碍使人不能达到目标，从而使自己的动机和需求没有得到满足，产生挫折感。客观原因来自五个方面：自然环境、社会环境、学校环境、家庭环境、突发事件。

（1）自然环境

自然环境的影响是来自自然界或者一些有自然属性的事物等带来的对个体的印象。胎儿在母体内的生物环境是人遇到的第一个自然环境，这时的安全感主要来自母亲。当一个人从母体中出来，就进入第二个自然环境即地理环境。

研究发展，地理环境对人的心理影响巨大。比如西部地区的人因为地域辽阔而心胸较为开阔，一些在高山上生活的民族更加具有协作精神；东北地区气候寒冷，这个地区的外部地理环境锻炼出来的人们更兼具有强大的意志；南方地区较多阴雨天，潮湿的环境也容易让人产生焦虑和抑郁的心理；优美的风景、湖光山色让人心旷神怡。

自然界的事物都有着自己的发展规律，人们时没有办法和大自然相抗衡的，生活中有很多潜在的危险，没有办法提前预防和干预。当遇到不可控的来自自然环境的挫折时，人容易产生无力感、渺小感和无助感，感叹人在大自然中的渺小，影响一个人对生命的思考。

（2）社会环境

大学生虽然身处学校，但是不可避免地受社会的影响，比如政治、经济和各种风俗习惯等，这些都有可能让大学生感受到挫折。

①外界现实和已有的价值观冲突。学校的不公平现象、就业的压力等外界的刺激都会让人对已有的认知经验产生怀疑。一个人在努力接受这样的现实，不断地重新调整认知、整合价值体系的过程中，内心不断产生冲突，导致心理失调和挫折感。

②社会对大学生的需求和评价是不断发展变化的，这些变化也让大学生产生挫折感。大学毕业后进入社会找工作，发现社会单位更加重视人才的综合素质，

如果这个大学生在学校期间只知道埋头学习，很少参加社会实践活动，那么早就业市场上就处于劣势地位，产生就业的挫折感。社会环境相比于自然环境所产生的挫折感更加影响大学生的行为。

（3）学校环境

学校环境因素日益成为造成大学生挫折心理的重要因素。相关研究表明，学校的隐性教育管理更会影响学生的心理发展，主要分为两方面的因素，物化和非物化的教育因素。其中，物化教育因素包括校园环境、建筑、各种教学部设施等等。非物化教育因素包含校园文化、学风校风、规章制度等等。

（4）家庭环境

家庭教育对青少年良好心理素质的形成起着非常重要的作用。很多教育学家都有这样的观点：家庭是人生的奠基石，父母是孩子的第一任老师。

家庭的环境对孩子的影响是巨大的，既有潜在的影响又有显性的影响，比如家庭的结构、人际关系、教育方式等，都会产生不一样的效果，让孩子产生不同的挫折心理，进而带着这种挫折心理走入大学校园。

（5）突发事件

突发事件对人们的挫折心理是偶然和巨大的，严重的甚至会引起创伤后的应激障碍。创伤后的应激障碍是一种创伤后心理失衡的状态。生活中遇到的突发事件比如亲人离世、车祸等都会对人们的心理造成创伤，须及时处理干预这种失衡的状态，处理不及时或者没有引起重视就会产生不良的后果。

（三）挫折对健康成长的影响

1.消极影响

（1）挫折导致生理疾病

不同的人面对挫折的反应不同，有的人面对挫折不能很好地应对就有可能生病，有的人却不会生病。生理心理学研究表明，挫折所导致的紧张状态会通过大脑调动神经内分泌免疫系统，能击溃个体的生物化学保护机制，降低人们的抵抗能力，让生理上和心理上产生疾病。这种疾病可以统称为适应性疾病或紧张状态病，严重的话会导致各种身体器官的衰竭，人体健康受到极大打击。

（2）挫折导致心理和行为失调

挫折严重会影响人们看待成功和失败，让人们失去自信，不再对成功抱有期待，失去生活的信心；被挫折打击的人会失去自己的抱负，庸庸碌碌过完人生；挫折也会影响人们的行为，使人控制力下降，容易感情冲动，不能约束自己的行为，甚至违反社会规范，严重的会触犯法律。

2.积极影响

（1）磨炼性格和意志，挖掘身心潜能

挫折不能被单纯看待成一件坏事，如果处理得当，坏事会变成好事。挫折可以磨炼人的意志，得到生活中的宝贵教训和经验。成功人士的经历都不是一帆风顺的，都是经历过挫折才走向成功。

（2）增强情绪调节能力和解决实际问题的能力

面对一些登台表演或者比赛、考试，适度的紧张和感受到压力是必不可少的，能够产生积极的影响。适度的紧张会引起身体的一系列生理变化，这样可以有更多的能量和勇气面对问题。大学生不要怕挫折，要正确认识挫折，学会利用挫折提高自己的能力，实现自己的目标。

二、挫折心理行为反应

（一）积极的心理防御机制

1.表同

在经历挫折之后能够摆正心态，发自内心地对他人的优点进行学习的优良品质就被称为表同，这种方式可以有效地总结、归纳、吸收他人的成功经验，根据自身的情况进行学习与运用，最终使自己更加适应外界环境的要求，使自身更好地拥有成功信念与面对挫折的勇气。表同可以帮助大学生从他人的各种人生经历、精神状态中获取足够面对外界挫折的信心与勇气，最终在这种积极健康的心理激励下战胜挫折，实现自身的奋发向上。

2.升华

还有一种积极的心理防御机制叫作升华，指的是将一些较为负面的能量转换为具有建设性的活动能量，最终使自身的心理趋于安稳，这是为了满足人们对于创造与成就的需要。在弗洛伊德的著作中可以清晰地了解到他对于升华的认识，他认为升华就是最高等级的心理防御机制。就比如，达·芬奇的作品《圣母像》主要表现了达·芬奇对自己母亲的情感升华;《史记》的撰写者司马迁是在经历过宫刑之后在撰写完毕的；歌德在经历过失恋之后创作完成了《少年维特之烦恼》；等等。

3.文饰

还有一种心理主要体现为文过饰非，可以简称为文饰心理，这种心理也属于由精神分析学家弗洛伊德提出的一些心理防御机制中的一方面。文过饰非的心理就是指当人们遇到挫折与困难的时候经常会采用自我欺骗的方式保护自己，对遇到的困难与失败进行事实的歪曲，通过各种心理暗示确保自身受损的心理可以得到平衡，摆脱低迷的情绪，这种方法可以有效地抚平自身的心理创伤。

这种行为一般情况下会有以下几种表现形式。

（1）“酸葡萄”反应行为。对于大多数人来说，一些难以得到的东西会令自身产生“酸葡萄”的反映，这种心理可以帮助求而不得的自己获得心理上的平衡。就比如一个唱歌技能不佳的学生会诋毁唱歌这种行为，将其进行无限贬低；对于追求不到的对象，有些人极力寻找该对象的缺点；没钱的人会说自身有着有钱人无论如何也追求不到的幸福；成绩差的学生会说成绩好的学生只会死读书，生活过得毫无乐趣。这些行为表现在一定程度上是可以接受的，能够帮助当事人避免因得不到某些东西而产生无法调节的困扰。

（2）“甜柠檬”反应行为。在生活中会遇到各种各样的挫折与困难，在面对这些难题的时候可以回想曾经的美好，生活不只是不如意，这样可以减少自身的纠结与痛苦。

文饰心理经常被使用于化解紧张心理、调节情感、减少精神压力的情况下，这种方法有助于减少各种过激反应的发生。但是文饰心理不只有正面效果，还有一些负面效果，比如会导致当事人产生自我欺骗与自我麻痹的情况，这种消极的处理方式会严重阻碍个人对外界环境的适应，不利于当事人对外界环境进行探索。

4.幽默

幽默能够帮助人们捕捉生活中的微笑，能够巧妙地解决人际关系中的矛盾冲突，使用幽默的方法进行矛盾的处理可以有效预防引起矛盾双方的反感。

幽默作为心理防御机制，是高尚且成熟的。在日常生活当中，无论遇到什么苦难与挫折，在合适的场合使用幽默的形式化解都可以帮助这个人获得旁人的关注，帮助当事人脱离所处的尴尬情境。

（二）中性的心理防御机制

1.焦虑

经历挫折后最常见的一种心理反应是焦虑，主要是因为当事人在经历挫折之后的自尊、自信的受损等情感反馈，最终会形成包含紧张、不安等情绪的复杂心情，这就是焦虑。经过研究发现，一定程度上的焦虑可以有效地激发个人的潜能，提高其工作效率。但是，值得注意的是，过度的焦虑会导致个人出现心理问题，严重的情况会发展成为焦虑症。

2.压抑

将一些不能被个人所接受的思想、感情等在潜移默化的情况下压抑到内心深处，刻意不对其进行理睬与记忆，这种行为方式就被称为压抑。值得注意的是，对于情感、思想等方面的问题，压抑并不能有效解决，这种方法只是将他们隐藏起来了，但是被隐藏起来的这些负面情绪无时无刻不在对人的内心进行影响。被压抑的痛苦情绪会在之后遇到相似情境的时候被回想起、感受到，最终导致其出现严重的心理障碍与身心疾病。

3.反向

在2019年，一起弑母案震惊了当时的人。在震惊之后，质疑之声如潮水般汹涌而来：真凶为何如此狠毒？冷血真凶的外表为何一直以品学兼优的好学生形象示人？这些疑问的产生就是因为“反向”的心理防御机制。在一个正常的社会中，很多人自身的各种冲动、欲望并不被“普世价值”的家庭与社会所允许，于是，这些阴暗面就被压抑到了人的潜意识中，甚至于有些潜在的行为并不被人察觉。但是值得注意的是，一旦一些负面情绪压抑的时间长了之后，这些被长时间压抑的原始欲望与原始冲动就会在获得极大的驱动力的情况下通过反向的方式释放心理压力，通过这种方法可以有效地掩盖自己的本意，以取得避免或者减轻心理压力的结果。就比如一个外表温文尔雅的人，他的内心或许十分暴躁等等。

4.投射

投射是一种心理上的防御方式，出现在个体遇到自我对抗、超我时。将自身对于某一事物的看法、态度等投射到他人身上就是这种防御方式的表现形式。

对于一个人来说，他的外部关系直观地反映了他的内在，部分学生会将自己的性格投射到他人的身上，在进行人际交往的过程中通过自身的价值观对他人进行负面评价，并且坚定地认为他人也会是使用这种方式对自己进行评价，由此得出了他人不喜欢自己的结论，甚至于有些学生会将自身的喜欢投射到喜欢的学生身上，一旦被拒绝就会推脱说这人是在勾引自己。

5.逃避

当个体在面临重大挫折的时候，由于超出承受的预期，有些人就会选择逃避，选择一些较为安全的环境。经过总结，这种逃避的行为主要有以下几种类型。

首先，逃向另一个现实世界。这种逃避的方法是指在遇到难以承受的挫折与困难的时候，部分人会选择离开当前所处的环境，逃到另外一个新的环境中，这种逃避行为经常发生在大学生中，就比如失恋的大学生选择退学、学习困难的学生选择逃课、人际关系差的学生选择校外住宿等等逃避行为。

其次，从现实世界逃往虚拟世界。在经受了现实世界的挫折之后很多人会想着逃往幻想世界，这会帮助他们在一定程度上脱离现实世界的痛苦，缓解人在现实生活中的焦虑与不安。但是，值得注意的是，幻想本身并不能真正地解决现实生活中遇到的挫折与困难，如果总是选择逃避，最终会导致自身丧失适应现实生活的能力。

最后，逃向身心疾病。值得注意的是，有些身心疾病是心理压力过大的外在表现，就比如曾经有一个初中的女生长时间的腿痛，但是在各大医院都不能根治，因为没有发现任何器质性的问题，直到采取了精神分析疗法之后，医生发现这名女生是因为过大的学习压力才腿疼的，在学习上出现了挫败感，女生下意识地选择逃避，之后因逃避积压的心理压力逐渐反映成躯体上的疾病。这种疾病的发生本身是无意识的，并不是常规意义上的装病，这是生物个体为了逃避生活中遇到的难以克服的困难而出现的生理障碍。

（三）消极的心理防御机制

1.攻击

在 1939 年出版的《挫折与攻击》一书中，该书作者社会心理学家多拉德和米勒通过数量庞大的实验数据确定了挫折与攻击之间的关系，即攻击必然是挫折的结果，指的是当发现一个人在进行攻击行为的时候就可以通过推论认为这个人经历了挫折。在我国近年来发生的恶性事件中不难发现，很多人会在经历了挫折之后出现非理智的行为，这些人会将种种负面情绪甚至于攻击行为指向造成他受挫的人、事、物等等。

由挫折引起的种种攻击行为可以分为两种，分别是直接攻击与转向攻击。

首先，直接攻击就是指在个体遭遇挫折之后会将自身产生的种种负面情绪直接指向导致其遭受挫折的对象，一般情况下，直接攻击的强度相当于受到挫折的程度。值得注意的是，个体自身的行为动机越是强烈，他在受到挫折之后就越是容易出现攻击性行为，这就取决于自身的内驱力水平的高低。对于一个人来说，自身受到的人格、自尊上的侮辱比自身受到的其他侮辱更容易引发报复。

其次，转向攻击是指将自身受到挫折所产生的负面情绪与攻击行为发泄到与挫折源不相关的对象身上。甚至于有些人在遭受挫折之后会选择自我攻击，包括但不限于生闷气、自残甚至于自杀等等。在契诃夫的小说《一个小公务员之死》中所描写的那样，这个小公务员只是因为对着自己的上司打了个喷嚏就在无限的自责与悔恨中消磨了自己的生命。在自我攻击中，最为严重的就是自杀，对于大学生而言，很多大学生因为遭遇了情感受挫、学业受挫等情况极易产生自杀的念头。

2.退行

在某一个体遭受到挫折之后，会采用一种严格不符合其年龄层次的幼稚行为进行应对，这种行为就被称为退行行为，这种心理防御机制的出现是因为当事人想要通过自身的幼稚行为获得在场其他人的关注、同情，及时地化解尴尬、缓解焦虑。就比如一名已经年满十岁的少年，本来已经学会了自理，比较独立了，但是最近突然表现得很不懂事，像个 5 岁的孩子。经了解才发现，因为家里有了二胎，父母把全部精力放到妹妹身上，而无暇顾及 10 岁的哥哥。这个男孩子发觉不能像从前一样获得父母的照顾，便出现退行。

短暂的、暂时性的退行现象不仅是正常的，而且是有好处的。就比如有名学生经常性地出现神经性呕吐的现象，一旦出现这种情况就可以不用上课，甚至于教师与同学都会对其表现关心，更重要的是其父亲也会请假在病床前对其进行陪护，他会因这些关心感到十分舒适，这种行为就是退行行为。事实上，很多成年人在很多时候也会需要退回到童年，可以通过这种方式对自身的负面情绪进行调节，这种行为也就解释了为什么在游乐场中的儿童项目上会出现成年人。

但是，一旦某一个个体在现实生活中遇到挫折与困难便会选择较为原始与幼稚的方式进行应付，甚至于选择利用自身的退行行为博得他人的关注、同情与帮助，从而避免面对生活中的挫折与困难，这种情况就是心理问题。在现在的大学中经常会看到一些大学生的家长进行陪读，甚至于一些学生自己的生活起居都需要家长进行负责，这些学生不管遇到什么样的困难都会向家长进行哭诉，利用自身的退行行为获得的关注与同情处理生活中的困难与挫折。

3.固执

固执，在某种情况下也可以称为病态固执，这种消极的心理防御机制指的是在个体遭遇困难与挫折之后，通过采用刻板的行为方式盲目的对某种无效的行为进行重复。就比如，某些学生因为自身的学习方法而学习效率低下，但是当教师指出他的学习方法问题之后，他仍然坚持自身的学习方法；某些学生在失恋之后仍然死缠烂打；有些学生会选择一意孤行，不达目的誓不罢休。

三、大学生应对挫折的策略

（一）从心理认知层面调整

1.正确归因

归因，指的是人们对于一件事的发生原因的认识。对于人们来说，不同的归因倾向会导致其自身的心理与行为受到不同程度的积极或者消极的影响。经过研究发现，人们对于原因的归纳可以分为以下两类：分别是外归因与内归因。首先是内归因，自身的能力大小，对于一件事情的努力程度等都是内因；其次是外因，完成一件事情的难度、运气、外部环境因素、人际关系等都是外因。其中，值得注意的是自身的能力与接取的任务难度是可控因素，但是运气、完成一件任务的机会、外部环境等因素都是完全不可靠的，不能被控制与预料。对于个体来说，正确的归因方式就是在对发生一件事情的主客观原因进行分析的时候保持冷静，由此可以找到真正的失败原因，最终需要分析自身是否做到了最大的主观努力，最终获得积极性的归因，从而激发自身的主观能动性。

归因时遵循“三要”与“三不要”原则。

（1）要客观分析影响成败的原因，不要主观臆断。

（2）要先从自身寻找内因，不要一味寻找外因，也不要一味自责。

（3）要尽量寻找可以完善和努力的内因，不要过多地归因于不可改变或太难改变的因素。

2.悦纳自己、调整心态

认知方式和生活态度对我们应对压力和挫折、保持身心健康有着重要的影响。在遭受挫折和压力，我们对自己的评价差到最低点时，这个时候的具体做法如下。

（1）发现自己的优点，悦纳自己

思考自己的专长所在，多想想过去别人如何称赞和评价自己，家人朋友对自己的关怀等，这时会发现自己并非一无是处，从而鼓起战胜挫折和困难的勇气和信心。

（2）找出榜样人物，朝着榜样的目标努力完善自己找一个最羡慕、最敬佩的人，希望自己能够成为他（她）的模样。他可以是历史伟人，也可以是身边的普通人，不管他（她）是谁，都有可以学习的方面，他（她）一定也遇到过困难和挫折，对比一下，那么目前我们所面临的暂时的失败又如何呢？

（3）肯定自己的能力

确定合理的努力目标和方向，目标不要定得太高，每天确定几个小目标，慢慢完成，就会发现自己并非一无是处，可以渐渐振作精神，提高效率，把工作和目标进行罗列，不断地进行自我肯定和鼓励。

（二）从情绪层面调整

大学生在遇到挫折和压力时，如果无法对负性情绪进行调适和调节，必然会影响自身的身心健康。情绪如果调控得当，在应对压力和挫折时也会起到良好的作用，不良的情绪除了影响自身的身心健康之外，还可能导致人际关系紧张等不良后果。

当压力来袭，面对挫折和困难时，合理的情绪调节和宣泄很重要。当遇到压力和挫折时，负面的情绪会不断积累，为自己的负面情绪寻找恰当的宣泄途径也尤为重要。向他人、向环境宣泄，摔东西、虐待动物等，都是不良的情绪宣泄方式。营造积极健康、轻松愉快的情绪氛围是应对挫折和压力的积极策略。

（三）从意志层面调整

（1）在活动中不断锻炼自己。积极参加集体活动，有意识地创设挫折情境去锻炼自己，如参与各类学生活动、社会实践等。

（2）做个打不倒的“不倒翁”。在生活中，面对压力和挫折，做一个意志坚定、努力坚持的人，无论困难多么难以克服，都要努力做个“不倒翁”，不被压力和挫折打倒。

（四）从行为层面调整

1.确定合理的抱负水平

抱负水平是人们在从事某些实际活动之前为自己规定的目标水平。给自己规定的目标越高，抱负水平就越高，反之亦然。当抱负水平过高，超过自己的能力时，往往会产生挫败感。因此应该将自我的抱负水平建立在和自己的实际能力相符的基础上，根据自己的能力设定合理的目标，及时地调整目标。

（1）坚持目标，继续努力

当遇到压力和挫折时，可以根据自己的能力和经验，分析是否能够完成目标，根据实际情况，分析形势，总结经验，完成预定目标。

（2）调整目标，转换方式

当经过多次努力，仍无法达成目标时，就要思考如何调整原有的目标，转变实现的途径和方式，以完成预定目标。

（3）改变目标，另立目标

当确定的目标由于内外因素的限制无法得以实现而遭受挫折时，可以改变目标，将目标分解为多个小目标或者通过另一个目标来弥补，重新树立信心和勇气。

2.建立良好人际关系，寻求社会支持

当遭受压力和挫折时，一些人可能很希望和朋友交流，以得到安慰和建议。在生活中每个人都会遇到逆境和挫折，而精神上和物质上的帮助和支持，则是帮助我们走出困境的重要支柱。

（1）从父母、老师那里寻求支持力量

我们遇到困难、压力、挫折时，可以向父母、老师求助，他们经历丰富，考虑问题也较全面和成熟，能帮助我们从不同角度更全面地剖析问题，提出解决办法。

（2）从同学、朋友那里寻求支持力量

遇到困难时我们更多地会选择向朋友、同学倾诉，倾诉的过程就是一个释放压力和不良情绪的过程，通过互相交流，寻找克服困难和挫折的办法和方式。

（3）从心理老师、心理咨询机构那里寻求支持力量

专业的心理咨询可以有效地帮助人们发现问题并引导人们寻找解决问题的方法，所以当遇到压力、挫折并影响身心健康时，寻求专业的心理机构进行咨询和治疗尤为必要。

3.学会实用的有效办法

压力和挫折会带来不良的生理和心理反应，我们需要学会以下一些有效的调节办法。

（1）坚持运动锻炼

适当的体育运动能够释放紧张情绪，放松身心，如游泳、跳舞、瑜伽等，其他活动，如散步、野营、徒步、爬山等也都是很好的减压运动。适当强度的运动，可以充分释放紧张情绪，缓解压力。

（2）逐步放松，调节呼吸，进行肌肉放松训练

在焦虑、烦躁、紧张、疲惫时可以选择深呼吸方式，或者肌肉放松训练等方法来让自己放松下来，消除压力和紧张。

（3）有计划、有目标

当遇到压力和挫折时，可以重新审视一下自己面临的事情，进行合理的规划，将事情和目标进行分类和排序，看看哪些事最重要、哪些事其次。学会把总目标分解成多个小目标，将复杂的事情简单化。

（4）饮食调节

饮食的不均衡也会影响身体的新陈代谢。刺激性的食物会影响身体的平衡，如烟、酒、咖啡、药物等。当处在压力中时，应补充更多的营养，尤其是适当增加钙与维生素 B 的摄入，可以很好地缓解生活中面临的压力和挫折。

（5）思想中断法

当脑中出现负面的思考且挥之不去时，试着喊“停”，将思绪打断，增加一些有趣的积极思绪，对消极的思想进行有效的控制，以此来缓解压力。

（6）学习放松技术

学习一些放松技术，包括冥想、谈心、音乐、唱歌等，如听一段舒缓的音乐来缓解和消除紧张和疲劳；冥想一个美好的林间或者海边画面，以舒缓身心的压力。

（7）保持积极心态

人的心态有积极与消极之分，积极的心态有利于战胜困难和挫折，消极的心态则会阻碍我们解决问题。因此当遇到困难时，要努力将消极思想转化为积极思想，以乐观、坚强、健康的心态来面对和克服它。

第二节　大学生常见心理问题与矫正

一、大学生常见心理问题

（一）适应问题

大学本身就是社会的一个缩影，是作为社会生活的演练场存在的。大学生需要适应大学生活，这就需要完成相关的“文化人”与“社会人”培养任务。所以说，大学生心理健康教育需要在大学期间帮助所有大学生完成个人的社会化。

在当前，大学生的适应问题有以下几点。

1.生活自理能力差

到目前为止，绝大多数大学生都是“00后”，而且这些人都是独生子女，他们的自理能力大多数都比较弱。在当今社会中，就业压力逐渐增大，很多大学毕业生在面对就业压力时没有足够的心理准备，只能选择在家中被动地等待就业，甚至于等待家长想办法，自身没有主见。甚至于很多毕业生的毕业证、户籍证明刚从学校下发到学生的手里就遗失，这也能够反映出学生的自理能力弱。

2.抗挫折能力弱

在当前社会中，我国的人民极度渴望美好生活，但是社会中还普遍存在着发展的不平衡与不充分。当前，大部分大学生物质条件相对丰富，精神需求不断提高，他们基本上是在“老师宠着”“父母捧着”的生活中一路走进大学的。面对学业、生活、感情方面的挫折，大学生通常会显得无所适从。以往他们的生活中只有成绩，在面对大学这种相对开放、独立的生活时常常会感到失去了目标，失去了生活的意义，甚至怀疑人生。

（二）学业问题

在高中阶段，学生的目标非常明确——考上大学，并且学生的学习受老师的督促和家长的监督，所以他们不仅具有明确的努力方向，也具有充足的学习动力。而在大学阶段，学习的目标、内容、方式、方法等都与高中阶段有很大差异，如学习内容不局限于课本，学生学习时需要进行自我管理，大学课堂尤其重视实践探索、课程实训，等等。面对大学阶段全新的学习模式，一些大学生可能出现学习目标模糊、学习动力不足、学习动机功利化、学习方法不合适、学习成果不佳等状况，茫然不知所措，进而产生挫败感、自卑感、厌恶感等。

（三）自我意识问题

自我意识是由自我认识、自我体验和自我控制构成的一种多维度、多层次的心理现象，在个体发展过程中起着十分重要的作用。

进入大学后，随着生活、学习方式的改变和年龄的增长，大学生的自我意识发展较快，自我体验变得强烈，自我控制的愿望增强。他们对自我认识充满兴趣，开始对自我发展和成长过程中遇到的问题进行更深层次的思考。例如，他们常思考“我是什么样的一个人？”“我为什么会是这样的人？”“我应该成为什么样的人？”等涉及自我意识的问题。在探寻这些问题答案的过程中，一些大学生可能因自我认识不准确而产生迷茫感、失落感、焦虑感、自卑感等。

（四）求职择业问题

面对求职择业方面的诸多问题（如职业生涯规划不合理、所选职业与专业不对口、缺乏求职技巧、求职屡遭挫败等）时，大学生往往会产生情绪困扰。特别是“选择读研还是选择求职”“是先就业还是先择业”等就业方向问题，往往会使许多大学生产生心理困惑甚至心理问题。

（五）自我认知问题

大多数大学生对自己的选择并不满意，有的学生对自己的期望很高，使得压力过大，导致心理失衡；有的学生则对自己没有期望，没有压力，导致自暴自弃。因此，部分大学生在自我认知上出现了偏差，主要表现在理想中与现实中的自我的矛盾，寻求理解与心理封闭的矛盾，既想要成功又不肯付出的矛盾，既渴望友谊又争强好胜的矛盾等。

（六）人际交往问题

社会发展到今天，所有的大学生都面临着新的挑战、压力与危机，要融入校园文化，努力自我成长，就离不开处理好日趋复杂的人际关系。与人和谐相处，建立新的人际关系就成为大学生的重要课题之一。

人际交往缺乏技巧，导致人际孤独。很多大学新生初入校时在人际交往上四处碰壁，再加上缺乏相应的人际交往技巧，常感到交友很难，从而常有一种无依无靠、孤单烦闷的寂寞感。

以自我为中心，导致人际冲突。大学生的自尊心都比较强，有不少学生在要求他人尊重、理解自己的同时，却缺乏对他人的尊重与理解。

因自卑害怕，造成人际退缩。有的大学生因为严重自卑，害怕在人际交往中被别人瞧不起而拒绝交往，或担心因犯错而被别人嘲笑而不敢与人交往；更有大学生因追求完美而顾虑过多，生怕破坏自己在别人眼中的形象，不敢与人交往。久而久之，这些大学生就会在人际交往时退缩不前，甚至造成心理封闭，不与人交往。

二、解决大学生心理问题的矫正措施

（一）大学生应当关注自己的心理健康

1.坚持健康、文明的生活方式

健康的头脑和健康的身体是分不开的，对大学生来说，健康的生活方式包括：

第一，合理安排学习计划，有规律地生活，早睡早起，保证充足的睡眠；第二，平衡饮食，保持正常体重；第三，科学地运用大脑，科学地进行时间管理，有效地学习，劳逸结合，放松身心，尽量保证大脑获得充分的休息；第四，保证自身有充分的休闲时间，选择合适的休闲方式放松身心；第五，适度锻炼，积极参与体育锻炼。

2.培养和完善人格

大学生要牢牢控制自身的情绪，在与他人交往中选择正确的方式，对一件事物进行评判的时候保持理智客观、适度的情绪反应。

3.建立良好的心理咨询观念

长期以来，人们对心理咨询的认识停留在心理疾病的治疗上。事实上，在生活中只有少数人存在严重的心理障碍，更多的人面临日常生活事件处理问题，这些问题并没有造成严重的心理障碍，但是，它直接影响大学生的心理健康。心理咨询主要是对当事人进行心理上的疏导与调节，帮助当事人解决心理上的问题，所以说，当代大学生应当拥有一个健康的心理咨询的认识，树立正确的咨询观念，其中咨询观念的形成是大学生心理健康教育工作的基础。

（二）学校应当深入开展心理健康教育工作

在我国教育体系中，德育、智育、体育、美育等方面的教育观念不断加强和完善，但心理教育却长期被忽视。从教育学的角度来看，德育、智育、体育、美育与学生的心理活动是分不开的。为了培养合格的人才，高校要严格、认真地认识到心理健康教育的重要性，将心理健康教育与学校的教育工作进行紧密结合，将心理健康教育融入整个教育体系中。值得注意的是，高校还应当主动建设对应的教研机构，在大学校园中开设心理学、生理学等与心理健康教育相关的课程与讲座，最终使得心理健康教育实现教育规范化、专业化、科学化、系统化，使大学生的心理健康水平和对心理健康的认知不断提高。同时，高校要积极地为建立心理健康教育工作体系创造条件，重视大学生心理咨询工作，开展个体咨询与多人咨询的心理健康教育工作，有针对性地为学生心理健康咨询服务。

（三）社会应当提供有效的社会支持

社会支持是以个体为核心，个体、他人和社会等通过支持性行为逐渐形成的人际系统。其中社会支持一共包含三个方面：首先是客观支持，这种支持方式是指不受个人感受影响的支持；其次是主观支持，这种支持方式受个体主观感受的影响，最终表现为个体在社会中对于所受到的种种正面反馈的程度；第三种是对支持的使用程度，具体表现为在社会中所使用的支持资源的数量。

现在的大学生在学习与生活中或遇到多种多样的挫折、困难，为应对这些困难与挫折，大学生需要向社会寻求支持。遭遇挫折与困难的大学生应当积极地向教师、同学、朋友、家庭成员等等寻求支持，以期应对困难与挫折，通过积极寻求社会帮助，与自己的朋友相互支持与鼓励，最终可以帮助自身提升应对困难与挫折的能力。

第三节　大学生异常行为识别与处理

一、大学生异常行为

（一）自杀

学生自杀是校园最严重的危机事件之一，自杀指的是非正常死亡的方式，这种死亡方式并不是肉体的自然终结，而是个体蓄意或自愿结束自己生命的行为。大学生自杀行为，已经引起了各国政府及学者的高度重视。

1.自杀大学生的特征

第一，心理上遭受了难以想象的痛苦。

第二，正常的心理需求难以得到满足。

第三，在遭遇难以解决的困难与挫折之后选择的解决办法。

第四，无法有效纾解自身的负面情绪，感受到绝望与无助。

第五，关于自杀，并不能判定是对还是错。

第六，渴望与他人交流沟通，但是没有相应的渠道。

第七，在无法解决自身的困难与挫折之后选择的解脱办法。

2.大学生自杀原因的心理分析

（1）人格障碍与大学生的自杀行为

心理卫生学领域认为，情绪失调与人格障碍之间是可以进行相互作用的，情绪失调往往导致人格障碍，人格障碍又会在外在表现上表现为情绪失调。经过研究发现，极易引发自杀行为的主要有以下几点。

第一，抑郁。在当今社会中，抑郁是大学生之中较为常见的情绪问题。在日常的学习与生活中，学生会遇到学习成绩下降、人际关系失调、感情受挫、家庭意外等情况，在被这些事件刺激之后，学生的心理上没有办法对这些压力产生的情绪问题进行承受。值得注意的是，抑郁问题在行为上一般表现为对学习或者工作失去兴趣，日常生活中无精打采、反应迟钝、回避朋友等情况，除此之外还包括没有食欲、失眠等情况。值得注意的是，抑郁和自杀有着极为显著的联系，抑郁是最容易导致自杀的情况之一。

第二，悲观。这种表现一般体现在对周围社会的认识上，悲观的人不具备正确的世界观与人生观，看待世界的视角是幼稚的、消极的。所以说，当这一类人自身的理想与现实产生矛盾的时候，他们就会垂头丧气或自我否定，最终丧失对整个社会的信心，直到走上轻生厌世的道路。

第三，自卑。这种消极的态度的产生主要是因为当事人有生理残疾或者有其他疾病，又或者是社会因素层面的影响，对当事人的自我认识产生了消极的影响。具体表现为在能力或者个人价值上，这一类人会低估自己、看不起自己，甚至于因为自身的自卑心理认为自己会得不到他人的尊重，以至于在自己的臆想中逐渐自暴自弃。

（2）挫折与大学生的自杀行为

对于大学生来说，对待挫折经常会有不正确的认识，主要表现在以下三个方面：一是认为发生在他人身上的挫折并不会发生在自己的身上；二是以一方面的挫折来否定整个自我；三是大学生把某一次挫折的后果想象得非常可怕，夸大了挫折产生的后果。

（二）考试作弊

1.大学生考试作弊的特点

（1）由偶尔为之向有预谋发展。

（2）由学习成绩差的学生向学习成绩好的学生蔓延。

（3）由高年级向低年级发展。

（4）作弊比例男生高于女生。

（5）作弊手段呈多样化、现代化。

2.大学生考试作弊的原因

（1）社会原因

由于社会主义市场经济的作用，我国的经济发展逐渐腾飞，展现出了无限的生机与活力。但是，在高速发展中也出现了一些不正之风，如社会上的腐败现象、不劳而获思想、投机心理等也给大学生带来一定的负面影响。可以说，考试作弊，是这些社会丑恶思想和现象在教育领域的反映。此外，日益激烈的大学生就业竞争，使大学生在学习的重要性认识上产生偏差。

（2）学校原因

从学校角度看，大学生考试作弊主要源于以下几方面。

现阶段实行的教学模式极为陈旧，不适应高速发展的现代社会，到目前为止，我国部分高校还在实行十分传统的学年制教学的管理模式，这种管理模式具体表现为不管刚入学时的大学生自身的基础知识水平如何，都学习统一的教学大纲、教学内容等等，这种教学模式严重忽视了因材施教，没有关注大学生的人格，最终会导致一部分学生难以跟上教学进度而失去了学习的兴趣，也会导致一部分学生白白浪费时间在统一的教学内容上。高校教学的专业知识内容更新慢，没有跟上社会中的专业知识的发展速度，最终会导致学生学习的知识并不能进行有效应用，使学生产生了“学非所用”“学也无用”的思想。现阶段出现的一些大学生在考试的过程中作弊就是因为大学生对现行教学模式的抵触。

另一个方面是因为评价体系的不科学。在学习中各种奖学金的评定、奖项的办法、荣誉的颁发等等多是根据学习成绩实行的，这就导致了学生们认为学习的最终目的就是考试，相应地参加考试就是为了能够继续学习。由此，导致一部分学生开始采用作弊等不正当的手段获取考试的高分成绩。

（3）学生自身的原因

有些学生缺乏远大理想和责任意识，没有把自己现在的学习同将来报效祖国联系起来；缺乏紧迫感，没有把当前的学业和未来的事业联系起来。学习动力不足，他们的目标就是混日子，思想上放松了学习。因为没有学好，到了考试只有投机，不舞弊肯定不及格，不如冒险，因考试作弊得高分的学生中，相当大比例的学生有这种心态。

（三）偷窃

应该说，在今天，偷窃与饥饿、贫穷关系极小。然而，在纪律严明、处罚日重的大学校园，偷窃现象却屡禁不止，且有明显上升趋势，人们不禁要问：为什么大学生偷窃现象时有发生?

关于大学生进行偷窃的原因有很多，但是经过总结归纳，可以分为以下几种。

1.虚荣心理

这种心理就是因为当事人的自尊心过于强烈，可以解释为，过度的自尊的外在表现就是虚荣，内在表现就是自卑。在日常生活中我们见到的大多数极度爱慕虚荣的人经常是那些华而不实的自私自利的人，他们做事浮躁、盲目攀比。

2.自私报复心理

这种心理的人只注重自己，自私自利，为了满足自身的需求不惜侵犯他人、集体、国家、社会的利益，这种人不具备社会公德，斤斤计较个人得失，损公肥私，甚至侵吞公款，诬陷他人。

3.偷窃癖

这种癖好是一种极为反常的行为，属于变态心理。患有偷窃癖的人总是难以克制自身的偷窃欲望，尽管他对于偷窃的对象、目标等等没有确定，只是随机进行偷窃，这种人偷窃并不是为了获取经济利益，偷窃成功之后，会将偷窃物品藏匿、送礼、退还等，以此来满足自身的变态心理。

二、异常行为的危机干预

（一）心理危机干预概述

1.常见的危机反应

当人遭遇危机事件后，心理平衡状态被打乱，常见的危机反应表现在认知、情绪、生理和行为方面。

（1）认知方面

问题解决能力与应对机制暂时受到打击，如否认、健忘、注意力不集中、危机情景出现、强迫性思考、失去信心、内疚自责、丧失安全感等。

（2）情绪方面

在暂时性的震惊之后，出现混乱、害怕、恐惧、沮丧、麻木、怀疑、悲伤、绝望、无助、羞愧、易怒、平静不下来等。

（3）生理方面

心跳与呼吸频率改变、过度出汗、胃痛、头痛、肌肉酸痛、恶心、腹泻、血压升高、疲惫不堪、昏昏沉沉等。

（4）行为方面

攻击、社交性退缩、逃避、食欲不振、哭泣、酒精和药物使用量增加、坐立不安、睡眠不安稳、过度警戒等。

2.危机干预及其目的

在混乱不安的时期采取危机干预，这是一种积极主动的影响心理运作的历程，通过危机干预可以有效减缓一些具有破坏性的危机事件所带来的冲击，之后还会协助受到冲击的人们及时激活其自身心理能力与社会资源，最终适当地应对危机事件所造成的结果。

危机干预的对象。

（1）初级受害者。亲历了危机事件的人（如遭受暴力者、自杀未遂者等）。

（2）次级受害者。目睹了危机事件的发生或者是危机事件中的救助人员（如置身现场的路人或警察、医护人员等）。

（3）三级受害者。被卷入危机事件中，但是并没有直接受到影响的人（如受害者家属、同学等）。

3.危机干预和心理咨询与治疗的异同

危机干预本质上是心理咨询与心理治疗理论和技术的一种，但又有所不同。不同点主要体现在以下几方面。

（1）时效性不同

心理咨询与治疗可以通过一次以上的咨询，逐步完成系统的评估和个案概念化明确诊断，形成咨询或治疗计划和方案。危机干预必须要在第一时间就完成评估和干预。

（2）工作的目标不同

在心理咨询与治疗中，咨询师会和来访者一起讨论咨询和治疗的目标，而危机干预的主要目标是保障被干预者及其相关他人的生命安全。因此，危机干预的主要任务是准确评估风险，缓解当下症状和危机，保障生命安全。因此，危机干预主要是对症治疗，而心理咨询与治疗可以是对症治疗，也可以是对因治疗。

（3）工作的指导伦理原则不同

在危机干预中，由于要服从于生命保障第一的原则，因此可以突破一些常规的咨询与治疗的伦理守则。例如，如果来访者有自杀或攻击他人的危险，咨询师就可以突破保密原则。又如，一般我们强调不在咨询室以外的地方做咨询或治疗，但危机干预可以在现场，或者在符合来访者意愿的其他场所进行。

（二）危机干预的基本原则

在进行危机干预的过程中需要注意以下几条原则。

（1）保障安全。最为重要的是，在危机干预中要首先保证被干预者的安全。

（2）聚焦问题。危机干预的聚焦点是个案的情绪冲突与情绪调节之类的问题，并不负责解决发生的人格问题或其他问题。也就是说，危机干预主要是对症治疗而非对因治疗，因而在危机干预后，很多来访者还需要后续的系统心理治疗。

（3）激活资源。危机干预就是通过各种方式应对一些发生在生命中的较为突然的危机与困境。

（三）大学生异常行为危机干预

这里以自杀干预为例进行介绍。

自杀危机干预相关方法分为通过限制手段预防自杀、治疗干预措施划分的自杀预防策略和按照使用人群水平预防策略等。其中，通过限制手段预防自杀又分为枪支限制、止痛药戒断和巴比妥盐销售限制等；治疗干预措施划分的自杀预防策略分为药物治疗、电休克疗法、认知行为疗法、辩证行为疗法、家庭危机干预等；按照使用人群水平预防策略有校本课程、手机干预、互联网干预和自杀守门人培训等。

1.认知行为疗法

认知行为疗法（cognitive behavioural therapy，CBT）是由贝克在20世纪60年代提出的一种有结构、短程、认知取向的心理治疗方法，主要针对抑郁症、焦虑症等心理疾病和不合理认知导致的心理问题。该疗法将主要着眼点放在患者不合理的认知问题上，通过改变患者对己、时人或对事的看法与态度来改变心理问题。很多研究证明，认知行为疗法能够改善抑郁症患者的自杀意念。

2.辩证行为疗法

辩证行为疗法（dialectical behavioural therapy，DBT）以生物社会理论与辩证法为基础，在行为认知疗法的基础之上通过融合吸纳精神分析动力学等多种疗法，东方的哲学与佛家禅学的精髓，最终得到的心理治疗手段。这种心理治疗方法是通过过激的语言、强硬的态度进行的，相关研究表明，很多边缘性人格障碍患者的自杀意念非常高，在接受DBT治疗后，其自杀意念等行为得到了有效控制。

3.家庭危机干预

家庭危机干预（family-based crisis intervention，FBCI）疗法的创始人基于对急诊室中自杀的青少年及其家庭的临床观察，开发了FBCI。在这些家庭中，沟通中断通常是自杀意念和行为的促成因素，有时甚至是促成的关键因素。一项针对 13 000 多名青少年的研究证实了这一观点。研究人员发现，家庭联系是防止自杀的最重要保护因素之一。很多证据表明，即使父母或监护人希望帮助青少年，如果青少年已经处于非常紧急的危机状况，由于缺乏足够的应对技巧和支持能力，也无法避免自杀的发生。作者认为，为家庭提供干预措施和工具可能有助于稳定青少年，并使父母或监护人有能力在家中安全地管理青少年当前和未来要发生的危机。通过心理教育、认知行为技能建设、治疗准备、安全计划和危机叙事 5 个模块，FBCI 促进了青少年和家庭自杀危机的干预。

4. 自杀守门人培训

20 世纪 60 年代末，美国费城最先开始自杀守门人培训（Suicide Gatekeeper Training），目的是寻找和管理有自杀意念的人。关于自杀守门人培训的第一篇公开发表的论文是美国学者约翰·斯奈德（John Snyder）博士于 1971 年撰写的《自杀学》（Bulletin of Suicidology）[①]。由于青少年的大部分时间都在学校里度过，所以在学校内进行的培训课程被认为是解决青少年自杀问题和促进青少年寻求帮助的最有效方法之一。

自杀守门人培训是预防青少年自杀的一种非常好的方法。该方法旨在培训那些“守门人”以识别有自杀危险的人，并将他们转介给医疗保健专业人员。近 10 年来，这个培训已经被广泛地应用并推广到其他国家。自杀守门人培训是一种专门用来预防自杀有效策略，这种培训能够帮助人们有效识别自己身边想要自杀的高危人员，识别个体的自杀警告信号和危机信号，并将他们转介到相关机构，通过这种方式能够及时地进行早期的自杀危机干预。在美国的大多数高校中，自杀守门人培训通常被实施以防止大学生自杀，随着大学生更有可能寻求支持并分享自杀念头，所以针对同龄人进行自杀守门人培训可能特别有帮助。自杀守门人培训主要培训守门人识别自杀迹象，并增强知识和态度以干预高危学生。

还有其他的有关守门人预防自杀的模式，如 QPR（question、persuade、refer，问题、说服、转介）模式，参与者学习自杀警告标志以及评估有风险的学

① Snyder JA.The use of gatekeepers in crisis management.Bull Suicidology.1971，8：39-44.

生，学习适当管理这种学生并在必要时将他们转介给卫生专业人员进行治疗的技能。接受 QPR 训练的人可以学会如何识别自杀危机的警告信号，如何进行质疑、说服和转介某人来进行帮助。另一项著名的看门人培训计划是应用自杀干预技能培训（applied suicide intervention skills training，ASIST），是应用最广泛的自杀干预技能培训，在世界上享有很高的声誉。在为期 2 天的互动研讨会上，参与者可以逐步建立对自杀和自杀干预的适应能力与理解力，主要内容包括：（1）探索有关自杀的观念和态度，以及这些观念和态度如何影响帮助的过程；（2）了解自杀的警告标志以及个人寻求帮助的方式；（3）制定策略，以应对挑战性对话和与自杀危机相关的情况；（4）学习确定风险级别的步骤；（5）与有自杀风险的人有效合作，以制定确保安全的策略；（6）确保在必要时及时、适当地寻求其他帮助。

目前，预防青少年和大学生自杀在高等教育及伤害预防研究领域的重要性逐渐引起广泛的关注。大学生自杀的主要原因有心理疾病史、恋爱失败、学习压力、家庭教育不当、各种压力及危机突发事件刺激。其中，团体心理辅导也被称为团体咨询或者团体活动，这是相对于个体心理辅导与个体咨询存在的，指的是在团体状态下帮助学生解决自身的心理障碍，甚至于是对其自身的心理潜能进行开发的一种较为常见的心理辅导方式。

到目前为止已经有很多的研究证实了团体心理辅导在自杀干预中的积极作用。比如，积极的团体心理辅导对有自杀意念的大学生有非常好的干预效果，团体心理辅导对有极端心理危机倾向的大学生有显著的干预效果。

第六章　大学生心理咨询的主要内容

大学生处在人生的关键时期，遇到的各种问题也具有典型性，高校设立的咨询室中经常遇到的问题可以简单归为这几类：学业问题、人际关系调节问题、恋爱问题和性心理问题等。

第一节　大学生的学业咨询

一、学习心理概述

（一）学习的概念

在古代，中国有很多关于学习的著作思想，就比如春秋时的孔子就说过“学而时习之，不亦说乎”，其中“学”指的是在日常生活中要多观察，“习”指的是联系或者复习，指的是对于学的东西要时常进行练习与复习，所以说，学习就是知行的统一。心理学中的学习指的是一个个体因为获得了经验而产生的行为或行为潜能的相对持久的变化与过程。这里的学习包含以下四个方面的内容，分别是对于个体来说，学习的结果指的是其自身的行为或行为潜能的变化；行为或行为潜能的变化有着持久性；因学习而获得的行为或行为潜能的变化是通过获得经验产生的；对于人与动物来说，为适应环境，从而产生了学习的能力。

到目前为止，经过研究发现，学习是一种较为复杂的心理现象，这种心理现象与人的感觉、直觉、思维、记忆等有着直接的关系，并且还与情绪、动机、人格等有着显著的关系。指的是，在学习过程中，人的全部心理活动都会积极地参与到学习中去，由此可以发现，大学生在努力学习心理学之后就可以按照学习的规律进行学习，在科学的学习策略的指导下，有效地解决自己在学习中遇到的问题，最终提高自身的学习效率。

（二）学习与心理健康的关系

学习是学生的主要社会活动，除了学龄前的时间，学生大部分的时间里都与学习息息相关。学习与心理健康之间也有着紧密的联系。

1.心理健康对学习的影响

通常情况下，心理健康的大学生的成绩比心理不健康的人的成绩要好，能力发挥得更加充分。相反，心理问题、心理障碍会妨碍学习能力的正常发挥，从而导致在同等条件下成绩不佳的现象。

2.学习对心理健康的影响

学习不仅能使人增长知识，锻炼和开发能力，还能够促进人的全面发展。如果能在学习的过程中体验到愉快的情绪，养成正确的认知方式，长期浸润在这些体验之中，学习无疑是能够促进心理健康的。但是，也有一些同学在学习的时候有很多痛苦的体验，如疲劳、枯燥、失望、自卑等，长此以往就会导致心理问题甚至心理障碍。

（三）大学学习的价值

1.学会生存

通过学习获得生存的技能和平台是大学学习的重要方面。对于大学生来说，通过大学学习获得一技之长是学习的重要目的，只有这样才能有尊严地在社会上谋得一席之地。无论是为了自己还是为了家庭，我们都需要通过学习来不断提升自己的“价值”。市场会给每个人的能力定一个“价格”，每个人都希望这个“价格”足够高，而在同等稀缺的情况下，这个“价格”取决于知识能力的高低，而提升这些能力的一个重要的、可控的、有效的方式正是学习。

2.拥有选择

只有在生存的基础上人们才有了选择生活的自由。有一句歌词是这样写的：生活不止眼前的苟且，还有诗和远方的田野。很多人从内心是非常认同的，但是如果缺乏生存和发展的能力，现实就要残酷得多。哈佛大学穆来纳森教授在《稀缺：我们是如何陷入贫穷和忙碌的》一书中指出，处在贫穷之中，仅仅为了生存就已经筋疲力尽，根本没有精力、没有时间、没有金钱去体验“诗和远方”。可以说，学习为我们提供了更加丰富、充实的工作和生活的可能性，而这种丰富性和多样性的生命体验是每个人的内心都渴望的。

3.提升修养

子曰：“由也！女闻六言六蔽矣乎？”对曰：“未也。”“居，吾语女。好仁不好学，其蔽也愚；好知不好学，其蔽也荡；好信不好学，其蔽也贼；好直不好学，其蔽也绞；好勇不好学，其蔽也乱；好刚不好学，其蔽也狂。”[①] 孔子告诉弟子，从个人修养的角度来说，如果不善于学习，六种美德就会变成六种缺陷。

可以说，每个人的人格中都会存在一些不足的地方。通过学习能够不断完善自我，这个过程不仅有利于我们更好地适应环境、更加热爱工作，还给我们带来了深刻的幸福感。

4.学会学习

可能大学里的很多课程看起来并不能直接帮助我们找一份高薪的工作，所以有些同学会觉得这些课程好像是没有价值或者没有意义的。但是从某种角度来看，这些课程的学习，并不仅仅是为了掌握课程的内容，更重要的是在长期的学习过程中，帮助我们建立一个知识框架，掌握一套行之有效的学习方法，养成一种凡事认真对待的态度。在以后的工作中，遇到任何未知的知识和技能，我们都可以在之前累积起来的知识框架、学习方法和处世态度的基础上迅速地、高质量地学会，这是大学学习的意义所在。很多用人单位对大学生成绩的重视也是基于这样的考虑：成绩的优秀与否意味着其是否学得更快、学得更好，能够迅速学会处理很多问题。大学正是一个让我们学会如何学习的最佳平台。

---

①　（春秋）孔子著；杨伯峻，杨逢彬注译；杨柳岸导读．论语 [M]. 长沙：岳麓书社，2018.05.

5.发挥潜能

人本主义心理学的需要层次理论中指出，每个人都有自我实现的需要。我们每个人都希望能够在生活中充分发挥出自己的能力。社会学也提出了“心流”的概念，所谓“心流”，指的是人们在从事某种活动时全身心投入其中会获得一种非常好的生命体验。类似的，在大学的学习中，当一个人能够全身心投入学习的时候，他就会感到过得很“充实”。相反，如果这个人总是无所事事，自己的潜能在大学的学习生活中总是处于压抑状态，他就会体验到一种“空虚”感。而那些能够在学习中充分发挥潜能的同学，不仅在内心体验上经常处于充实、快乐的状态中，还会获得更好的成绩和较高的社会成就。

在大学里我们有着充足的时间、良好的学习氛围、充沛的精力和相对较小的生活压力，一旦错过以后将很难再遇到这么好的机会，希望同学们能够深刻理解学习的价值，好好把握这个机会，充分发挥自身的潜能。

二、大学生的学习特点和问题

（一）大学生学习的特点

大学生作为一个特殊的群体，其学习是在特定的条件下进行的有组织、有计划、有目的的活动。与一般人的学习相比，大学生的学习有其自身的特点。

1.既定的学习内容

在大学里，不同专业有不同的要求，大学生选择好专业就意味着确定好了大学期间所要学习的专业知识，并不能根据自己的喜好随意选择。若对其他学科有浓厚兴趣。大学生可通过选修课、在线课程等方式学习。

2.集中的学习时间

大学生的学习主要是在校学习，时间相对比较集中，有教师指导。以系统掌握知识和经验为主。这样就保证了大学生的学习有周密的计划、科学的组织、严格的程序。

3.可控的学习过程

任何教学都必须符合受教育者的身心发展规律。大学生的学习也是一样。大学生的学习过程既受既定学习目标的制约，又受教师指导的限制，并在很大程度上由教师教授的程序所决定。

4.战略性的学习目标

中学的学习更多是基础性的，而大学的学习则更加专业，更具有针对性，而且涉及大学毕业后所从事的职业，从这个角度来讲，大学学习是更具有战略意义的。大学生不仅要将书本上的知识吃准、吃透，还要掌握具体的技能，为将来走向社会、服务社会做准备，要更了解时代的要求，能够适应社会发展，参与世界竞争。

5.能动的学习主体

大学生作为能动的学习者，必须具有主动性与自控性。在学习动机上，大学生需要树立正确的学习动机，把自己个人的理想与社会、与国家理想相结合，让自己成为一个有理想、有民族自尊心、有社会责任感的学生，而不是仅考虑个人利益，而忽视国家、社会的需求。

而在学习方式上，大学生也更注重主动性与自控性。在学习中，大学生要自己选择“学什么”，自己设计“怎么学”，自己预测和期望“学到什么程度”，并能对自己的学习进度进行监控。目前，大部分高校都设立了专门的学生科研经费，确立了大学生校级课题申报制度，鼓励学生通过科研项目设计、作品设计与制作等方式探索科学研究方法，获得丰富多彩的科研体验和科学文化知识。

（二）大学生的学习心理障碍

1.认知失调

认知失调是指一个人的态度和行为等认知成分相互矛盾，导致从一个认知推断出另一个对立的认知时产生的不舒适感、不愉快感。常见的认知失调有：片面地得出错误的推论、能正确地区分现实与理想的差别、自我评价过低或过高等。

造成认知失调的原因大致有以下几个方面。

（1）自我认同危机。自我认同危机是产生认知失调的根本原因。有的大学生原本认为，认真读书就会有好的出路，但这种美好设想在现实中并不能完全实现，此时他们对自己的想法产生了怀疑，感到困惑。特别是互联网时代下海量信息涌来，面对多种价值观念的冲击，大学生在人生观的确立、人生道路的选择上会遇到更多困惑：他们时而认为高学历、高技术是互联网时代的敲门砖，因此必须拿到各种证书点缀自己的简历；时而觉得站在时代的风口才是成功的要诀，“网红”“眼球经济”更令人艳羡。由此带来的迷茫与不确定很容易使他们产生自我认同危机，进而导致认知失调。

（2）特殊的生活阅历。有的大学生在高中阶段的理想没有得到实现，期待着到大学后可以实现。例如，破碎家庭的孩子，期待在大学可以得到家人般的温暖，同学之间能互帮互助，相互促进，但真正进入大学后却没有感受到这样校园氛围，若不能及时做出有效的自我调整，就易导致认知失调。

2.情绪失调

情绪失调是指由片面的或错误的认知引起的自我否定、焦虑、恐惧、抑郁等不良情绪。情绪失调在学习上的表现主要有以下 3 种。

（1）学习冷漠症

学习冷漠症是指对学习毫无兴趣，缺乏学习动机，注意力不集中的一种情绪状态。患有学习冷漠症的学生往往处于一种消极的心境当中，他们能意识到这种情绪是不健康的，但却难以做出改变。学习成为唯一目标是产生学习冷漠症的主要根源。

（2）学习无助感

学习无助感主要是指个体在被动地接受某种刺激后，感到无力去应付或不能学会如何应付的一种情绪状态。学习无助感主要表现在那些学习能力较弱、学习基础较差或因学习方法不正确而导致学习成绩多次不理想的学生身上。这些学生往往感到力不从心，无法驾驭学习，这种失败感会导致他们消极认识的扩散，进而产生自卑心理，出现无精打采、嗜睡等生理现象。

（3）学习焦虑症

学习焦虑症是由于学生以学习成绩的好坏作为自身价值评判的唯一标准而导

致自信心不足的一种症状。例如，害怕考试失败，害怕学无所成，最终无法就业，害怕在学习过程中与老师进行沟通交流等。学习焦虑主要体现为学习过程的焦虑与学习结果的焦虑。有些学生的学习成绩较好，但特别害怕失败，总感到莫名其妙的焦虑，这就是因为其患有学习焦虑症。

常见的情绪失调的原因有以下几个方面：一是强烈的自尊心和情绪的不稳定性；二是竞争压力过大；三是心理发展中的矛盾冲突。

3.学习定势

学习定势也被叫作学习定向，它是指一个人在进行学习活动时的心理准备状态。其中，学习心理准备状态是由一个人的态度、思维方式等等共同组成的，这种学习心理准备状态为之后的学习指明了方向。值得注意的是，学习定势在学习中的消极表现主要是指大学生学习时状态不佳、注意力不集中、学习效率低等情况。

一般情况下，产生消极的学习定势的主要原因共分为以下三点：首先，部分大学生在学习过程中没有明确的学习目标；其次，部分大学生在学习过程中没有一个良好的学习方法；最后，部分大学生自制力差，会被周围环境严重影响自己的学习状态。

（三）大学生常见学习问题

1.动力不足

高中时期我们有一个强有力的目标，这就是考大学，一切向考试成绩看齐，每天朝着这个目标努力成为我们生活的全部，这也让我们很有动力。很多同学反映，进了大学后自己就像泄了气的皮球，漫无目的，感到很迷茫，不知道该做什么。一些大学生的表现是：平时不爱上课，学习没有计划，厌恶和回避学习，当一天和尚撞一天钟；学习时注意力不集中，无精打采，作业拖拉；没有成就感，没有目标，没有压力和紧迫感；每日无所事事，或沉迷于游戏、小说，或沉溺于情爱之中。一些同学在中学时代就没有认真思考过学习目标，也不懂得如何制订远期、中期、近期的学习计划。很多同学过了大一的新鲜劲之后就陷入了迷茫和无聊，缺乏了目标的引领，更容易沉迷于各种娱乐。一个合适的目标可以让我们体验到更深刻的愉悦感、价值感和使命感，还能为我们将来的就业和深造做好充分的准备。

2.丧失乐趣

很多同学经历了小学、初中、高中的压迫式的学习之后，在心里对学习有了一种持久而弥漫的厌恶感。即使一些成绩比较好的同学，也只是把学习当作获得成绩和自尊的一种手段，而没有去体会学习本身的乐趣。一些同学在学习中表现得比较消极，不是因为他们没有正确的目标和想法，而是无法克服心里对学习的厌恶感。有时候他们也会尝试去激励一下自己，好好努力，但是经常不能坚持下去，一个最重要的原因就是无法从学习的过程中体会到乐趣，缺乏稳定持续的动力。

当然，这里还要澄清一个误解。在整个学习的过程中不可能总是充满乐趣的，有很多同学开始就假定自己对某个学科非常不感兴趣，因此不愿意投入精力。其实“学一行，爱一行”也是一个不错的选择。事实上学习任何一门学科，开始的时候枯燥是难免的，只要我们坚持下去，在掌握了基础知识之后我们就能体会到这一门学科学习的乐趣。

3.被动依赖

中学的学习是比较被动的，每天接受老师的安排就可以了，学习内容、学习时间、学习环境、学习强度等因素都不需要自己去考虑，大多数人已经适应了这种被动安排的学习方式。到了大学以后很多同学会很不适应，突然感觉到没人管了，和班主任见面的机会比较少，家长好像也不关心自己的学习了。没人管会让这些同学感到不知所措，会使他们感到没有依靠。很多同学仍然希望有一个“心灵导师”——他能够把一切细节都告诉自己，告诉自己未来的路应该怎样走，这本质上仍然是一种被动依赖。每个人都需要主动起来，主动安排自己的学习，主动规划自己的职业发展，主动对自己的人生负责。

4.不够自律

无论如何，学习是一项艰苦的脑力劳动，我们必须付出诸多的努力才能维持学习行为。不管在什么情况下，我们都难以像打游戏或者购物那样轻松愉快地完成一门课程。在上课的时候低头盯着手机已经成为一种普遍现象，在智能手机和互联网普及的今天，获得一些肤浅快乐的感觉是如此容易，比如刷“抖音”、打游戏、逛“淘宝”。相反，认真听课、做笔记以及与老师互动，则需要较强的自律能力：一方面要抵制唾手可得的诱惑，另一方面还要坚持完成一些困难的任务。

但是，想获得任何学习上的成就都必须付出足够多的努力。虽然有些同学也有一些重要的目标，比如升入本科学习等，但是因为自律能力不足，最终这些目标都难以真正实现。

5.缺乏自信

在学习上缺乏自信的同学在遇到困难时可能会产生自我怀疑，继而产生强烈的焦虑和无助的感觉，好像无法克服这些困难。这些痛苦的感受和无法克服困难的预期最终会导致其对困难的畏惧和逃避。这类同学在学习的过程中更容易产生无助、紧张、焦虑、畏惧、抑郁的情绪，更容易产生放弃的行为。

因为高中的学习经历和高考的成绩，一些大学生的自信心比较低，从内心预先认定自己无法获得更好的成绩，无法成为更优秀的人才。这样会导致这些同学在学习中容易自我怀疑，产生焦虑和无助的感觉，在学习新知识和遇到困难时更倾向于选择放弃，最终丧失自信，产生厌学情绪。

6.方法不当

有一些学生看起来学习很刻苦、很勤奋，在学习上投入了大量的时间和精力，但由于持续使用低效的学习方法，结果身心俱疲，成绩停滞不前。他们缺乏自我调节的意识，不懂得如何进行计划、监控和调节。在面对不同的身心状态、学科知识、学习环境、学习时间、学习伙伴、学习要求时仍然重复使用那些熟悉且低效的学习方法。这种未经思考的、下意识的学习方法无法帮助他们取得良好的学习效果。他们可能还会得出一些错误的结论，觉得自己智商不够高、意志不够坚强、缺乏学习某个学科的能力，给自己贴上错误的标签，由此导致学习时情绪低落。所以，当我们发现自己学习效果不好的时候，要反思是不是自己的学习方法不当，应该如何调整自己的学习方法。

7.过度努力

与一些每天“混日子”的同学相反，在大学中还有一些同学非常努力，在图书馆和自习室经常会看到他们的身影。他们恨不得把所有的时间都用来学习，忽视了基本的睡眠、饮食、娱乐。他们把学习当作主要的、甚至是唯一的精神支柱，认为只要取得好成绩，其他一切都不重要，如果时间不用来学习就会有负罪感。实际上，长期超负荷地学习，会导致焦虑、失眠、记忆力减退、注意力难以集中等问题。过度努力不仅会导致学习效率低下，还会对身心健康造成伤害。

三、大学生学习心理障碍调试

（一）学习动机调整

对于一个学生来说，学习动机指的就是其在进行学习时的动力。学习动机在某种方面深刻地反映了学生对于学习的某种需要，正是通过学习动机才能够激励学生进行学习。一般情况下，学生的学习动机会表现为其对知识有着强烈的获取欲望，学生自身对周围世界有着无与伦比的好奇心与兴趣，自身有着良好的学习态度。

1.培养学习动机

学生如果要养成一个正确的学习动机，就需要明晰自身对于学习的目的与追求，找到自身的学习目标。所订立的学习目标需要自身能够通过一定的努力就可以达到。为自身设立正确的价值观，充分认识到学习对于自身在未来发展中的重要性，通过确立的目标将社会动机与个人动机进行有机结合，由此形成了一个良好的学习动机。

2.培养兴趣

对于一个学习者来说，兴趣是最好的老师，它能够指引着人不断地向前探索，全身心地投入到喜欢的事物当中，获得极好的体验，尤其需要注意的是，这种愉快的体验会进一步推动人们进行深入的研究。所以说，兴趣是不断探索的动力。在不断地研究中发现，兴趣推动着人们进行一系列的活动。

对于大学生来说，应当根据自身的特点选择一些自己感兴趣的内容，根据自身的兴趣特点有针对性地培养兴趣，获取足够多的课外知识，有意识地激发自身的学习兴趣，扩大自身的学习兴趣的范围，选取一些对社会有价值、有意义的方向作为自身兴趣发展方向，不断地提高自身的学习积极性与主动性。

3.培养成就动机

成就动机是指一个人为获得新的发展、地位或赞誉而寻求实现有价值的目标的内在动力。在学习过程中，一些有着较强学习动机的学生，也有着较强的学习的自我意识、主动性、持久性。由此观之，学生的较强的学习动机能够帮助学生更好地将自身潜在的兴趣转化为更为实用且有效的兴趣。其中，值得注意的是，培养良好的学习动机就是为了能够获得成功学习的体验，所以说，在学习过程中，学生要对自身有着合适的学习期望以及相应的要求，以此来实现自己的目标。经过教育学心理实验可以发现，经常受表扬或者奖励的学生会受到较强的激励作用，而且时间较长，所以说大学生在学习的过程中应当及时对自己的学习阶段性成果进行奖励与表扬，由此不断突破自己，获得自信。由此观之，大学生的首要任务就是进行成就动机教育，调整动机激励方式，在完成目标之后给予自己表扬与鼓励，从而克服自卑心理，对于自身的计划要积极、有效地执行，直到最终达到想要的目标。

（二）做好时间管理

1.重点分配法

这种方法是指相关人员严格按照事情价值的大小进行时间分配，即将事情按照轻重缓急的方式进行排列，在有限的时间内合理地分配精力，做最大意义的事情，优先保证最重要的事情率先完成。

2.性质分配法

性质分配法就是将事情按照其自身的性质进行时间分配，将时间分为两种，分别是硬性时间与弹性时间。前者是每天都必须要有的时间，就比如每天的吃饭时间、睡觉时间等，后者是可以自由进行调节的时间，就比如社交时间、休闲时间等。

3.学会细化目标

明确的目标可以为我们的努力指明方向；设置界限，能够促进我们发挥潜能，更快、更好地完成学习任务。

（三）增强记忆效果

大家可能都听过狗熊掰棒子的故事：狗熊走进玉米地里，掰了个玉米棒子夹到腋下，走了几步后又掰了个玉米棒子夹到腋下，但原先的玉米棒子却掉了。狗熊在玉米地里忙活了半天，最终手上就只有一两个玉米棒子。

这个故事说明能够牢记已经学过的知识非常重要，在学习中如果我们不能及时巩固之前所学习的知识，学习就变成了狗熊掰棒子：学了后面的知识，忘了前面的知识。下面我们说说哪些做法能够提高记忆的效果。

1.合理调整内容呈现的位置

在学习过程中会遇到测验的情况，我们可以发现，在已经学习的一系列词语中，我们对于开始与结尾的几个词的记忆效果要远远好于中间的一些词语，这是因为在记忆过程中，我们倾向于对刚开始的内容倾注更多的精力，这就是首因效应。还有，对最后的单词记忆清晰是因为最后的内容与开始测验时间隔时间较多，没有杂乱的信息干扰我们的大脑，由此造成了近因效应。根据首因效应和近因效应可知，开始阶段和最后阶段所获得的信息比其他信息更容易记住。所以在学习的过程中，重要的信息可以放在开始或者最后。在记忆一段内容的时候也不要每次从头到尾地背诵，适当调整开始和结束背诵的内容会有更好的效果。

2.及时复习

重复是记忆之母，但是什么时间进行重复学习效果才是最好的呢？遗忘的进程是不均匀的，呈现出先快后慢的特点，在学习之后最初很短的时间里遗忘的速度最快。如果过了很长时间才复习，那几乎就等于重新学习一遍。根据这一规律，复习最好要趁热打铁，及时进行。复习的“黄金两分钟”是指在学习后的 10 分钟内就进行复习，只用两分钟往往就能取得良好效果。

3.集中复习和分散复习

集中复习就是在特定的时间段内对所要复习的内容进行多次的重复学习，分散复习是指在多个时间段内对需要学习的内容进行学习。大家应该有这样的感觉：考试前几天临时抱佛脚或许能够帮我们顺利通过考试，但是过一段时间就会忘得一干二净。相反，分散复习有助于使所学内容长期保持。学习之后通常要复习四五次才能将所学内容牢牢记住。一般认为开始复习的时候时间间隔要短，以后则要长一些。安排分散复习的时间一般情况下是十分钟、一天、一周、一个月、两个月、半年之后对同一材料各复习一次。

4.自问自答或尝试背诵

所谓自问自答或尝试背诵的学习，是指学生在学习一篇材料时，为保证记忆深刻，可以选择自问自答的形式，这样做可以有效地寻找与定位自己的知识错误与薄弱处，做到有的放矢。反复阅读多是平均用力，缺乏重点，学习效率相对不高。

5.过度学习

过度学习是指在达到一次完全正确的再现之后继续学习的方法。如我们背诵一篇文章，阅读 10 次能够准确再现（就是会背了），那么接下来如果继续重复阅读这篇文章我们就能够记得更加牢固。当然，过度学习是有限度的，并非学习次数越多学习的效果就越好。如果把学习某种知识掌握到当时再现时不出错的训练量界定为 100%，但是完全掌握这一知识仍然需要继续学习，一般认为达到 150% 的训练量效果最佳。如果超过这个限度就会因为学习疲劳产生边际效应，学习效果将逐渐下降。

6.主动参与

在完成各种学习任务的时候能够亲自参与，要比单纯听课学得更好。另外，灵活运用所学的内容也是一种有效的学习方法。如果将所学的知识用于实验、写成报告、做出总结或向别人讲解，将会获得更好的学习效果。著名的费曼技巧就是要求用所学的知识去教别人，这对知识的掌握程度要求很高，这样做会推动我们构建知识网络，深入理解这些知识，知识保持的效果就会非常好。

（四）尝试自我调节

能够及时、合理地自我调节，要求我们能够对学习方法使用过程中自己的想法、感受、行为以及相应的结果有清晰的认识，从而不断做出尝试和调整。根据自身特点、学科特点、学习时间、学习环境、学习内容、身体状态、情绪状态做出合理的安排。当学习遇到困境的时候，能够通过对学习过程的监控来分析为什么会出现这样的困境，进而调整自己的学习信念、策略和行为，并对今后的学习效果进行跟踪，直到找到克服这一困境的方法。希望同学们课后能够对自己的学习习惯和方法做一个反思，尝试做出一些合理的调整，以提高自己的学习能力。

（五）克服考试焦虑

1.考前减压树立自信，消除紧张情绪

对于学生来说，在考试之前积压的巨大的心理压力会演变成为考试焦虑，所以说，为了解决考试焦虑，首要就是要减轻心理压力。考生要正确看待考试成绩，为自己树立自信心，抛却紧张的情绪，努力克服自身的不良心理反应。

2.提高挫折阈限，稳定心理素质

考生需要正确认识自己，不要给自己定下不切实际的期望，正视挫折，努力提高自己的心理承受能力，同时掌握一些调适情绪的方法，如渐进性肌肉放松法、想象放松法等，使紧张的心情平静下来。

3.劳逸结合，合理安排学习

在进行考试之前，考生要努力复习。认真复习，在复习时要严格注意合理安排自己的学习时间与休息时间，只有科学地安排好学习与休息之间的关系才能达成最好的结果。

第二节　大学生的人际关系调节

一、人际交往概述

（一）人际交往的本质

对于人际交往来说，考验的是一个人的智慧与才能，一个人的健康成长离不开人际交往。国际 21 世纪教育委员会主席德洛尔将“学会与人相处”视为教育的四大支柱之一[①]。

在过去，心理学家的大量实验证明了，心理健康水平越高，其人际关系也越融洽，越符合社会的期望，其工作绩效也越大，他们对别人有更强烈、更深刻的友谊和更浓烈的爱。

人际交往更大的作用在于他是一个人社会化的关键途径和过程。人的社会化和发展都是在人际交往的相互作用中实现的。每个人通过社会化由一个自然人变成一个社会人，学习社会知识、技能和文化，和别人合作，发展自己的社会化过程。狼孩失去了社会化的关键期，即使后来被人发现，也无法学会如何做人。

（二）大学生人际交往的类型

1.师生人际交往

师生关系是大学生人际关系中很重要的一个组成部分。学生与老师的人际关系不是一种地位、角色对等的沟通，一般都有尊重、敬仰、惧怕等心理过程和情绪特点。有些老师在和学生的人际互动中，容易忽视学生的欢乐、兴趣、对错、恐惧等人际情绪，不了解大学生内在的情绪变化和语言信号，这样彼此就会成为最熟悉的陌生人。这就需要老师学习一些心理健康知识，提高自己的心理素养，了解学生心理，尽可能地走进学生的精神世界，这样才可以弥补师生人际交往的不对等带来的人际交往盲点。

① 德洛尔著，联合国教科文组织总部中文科译．教育财富蕴藏其中 [M]. 北京：教育科学出版社，1996.

2.宿舍人际交往

对于当代大学生来说，和谐的宿舍人际关系对于大学生的心理发展有着积极作用，对于大学生来说，宿舍关系是其人际关系中最为重要的一部分，是大学生之间进行人际交往的重要场所。值得注意的是，大学宿舍还是大学生的第二课堂，有着良好学习氛围的大学宿舍能够吸引所有宿舍成员热爱学习，甚至于全体考上研究生。一个健康良好的大学宿舍的人际关系环境对大学生顺利完成学业有正面的帮助。

3.家庭沟通

家庭沟通是以一个家庭为单位，焦点是家庭成员间的互动和沟通的问题。家庭沟通理论强调在家庭中要加强沟通，促进家庭应在平等、对称的互动模式下而非对立的行为中交流。大学生会通过书信或电话及时、主动地向父母汇报学习、生活等情况，和父母进行思想感情的交流。家长也要深入孩子内心，更多给予精神上的支持，帮助孩子解决成长中的困难。有些亲子冲突会造成严重的身心伤害，甚至会引发一些悲剧。沟通是家庭成员间解决问题的重要途径，只有充分、开放的亲子沟通，才能使亲子关系向好的方向发展。

4.班级人际交往

班级是人际交往的基本单位，班级的人际交往环境就是一个小的社会，学生在以社会化学习为中心的班级共同活动中形成各种关系。在这种互动活动中，每个人都在班级人际结构中占有一定的位置，如班长、团支书、学习委员等，这个位置决定了每个人的角色和地位。这属于宏观的班级人际结构。还有一种微观的班级社会心理现象就是伙伴群体，也称班级小群体，一般三四个人，多者六七个人。小群体是自由组合的，有积极的心理学意义，即独立性的表现，标志着摆脱了成年人的控制，满足了独立需求。但是小群体也有消极作用，有排他现象发生，会以团伙形式故意孤立同学，使内向、不善交际的同学更加孤立，有些小团体甚至欺凌同学，反而使班级人际关系紧张。这就需要创建良好的班级人际环境，在班级里形成民主、平等、融洽的氛围。

5.网络人际交往

在现如今的社会中，大学生之间主要通过微信进行交流，微信的出现解决了现代人与人之间的交往所缺乏的日常联络、分享交流、节日祝福等，使人们有了被某一个团体接纳的价值感。更重要的是，因为各种微信群，朋友之间增加了往来，加深了了解，人际氛围更加多元化。但是，很多同学为了满足自身对于关注的需要，不断地进行分享，严重影响了其余人的交流活动，这些同学是为了在这里实现自我价值，获得成就感。这些渴望关注的同学应当学会自控，在日常生活中多运动、多交朋友，实现虚拟世界与现实世界的平衡。

（三）人际交往的心理效应

1.首因效应

45 秒就可以对一个人有一个初步的判断，这是心理学研究的成果。对于一个人来说，第一印象最为牢固，会对之后对这个人的一切认识产生影响，这种被称为首因效应。在日常交友、招聘、面试等社交活动中，都在不自觉地运用这种效应。

首因效应在人际交往中起着双刃剑的作用。首因效应是指交往双方形成的第一次印象对今后交往关系的影响。然而，在人际交往中，彼此最初的认识是不全面的，因而是有偏差的。

“路遥知马力，日久见人心。”应当尽量避免盲目评价他人，要将对他的认识与日后的观察进行结合，尽量做到公正客观地观察一个人。作为被人观察的对象，要注意不要给人留下一个不好的第一印象，因为我们没有办法再次树立一个新的第一印象。

2.晕轮效应

晕轮效应也被称为成见效应，指的是这种十分强烈的直觉的品质或者特点就像月亮形成的光环一般，由月亮向周围进行弥漫与扩散，最终掩盖了其余的优秀特点，也因此被称为光环效应。在很多时候，晕轮效应都会对人际关系产生积极的影响，但是它也有局限性，就比如以下几点：第一，容易以偏概全；第二，会受到主观判断的绝对化影响；第三，有时会将毫无联系的两种或多种特征进行关联，坚持认为这种特征一定会有另外一种特征。

3.投射效应

将自己的某种心理特点强行地添加到他人身上，这种现象被称为投射效应。人与人之间的直觉的投射效应表明人会对他人的认识包含自己的认识，这就会导致自己对他人的认知不再清醒与理智，如果没有进行自我反思，很有可能会出现晕轮效应，从而导致各种偏见的出现。

4.刻板效应

刻板效应还被称为刻板印象，它是指对某人或者某一类人产生的一种较为固定的印象或者看法。刻板效应实际就是一种偏见，偏见是一种预先判断。一旦把某项特征归入一个类别，比如某个特定的种族或者性别，人们的记忆系统之后就会偏向与该类别相关联的这项特征。

在某种程度上，刻板效应可以帮助人们简化认知过程，这会有助于对某一事物做出最快的判断，有效地增强人们在沟通过程中的适应性。但是这种刻板效应也有不合适的地方，就比如它很容易阻碍人们对于一类成员的新特性的认识与判断，经常依据刻板效应的人在认知上会显得僵化、保守，甚至于一旦形成不正确的刻板印象，就会严重影响自己对于世界的认识。

二、大学生人际交往障碍及其调试

（一）自卑

对于一个人来说，自卑通常是由于自身一些生理或心理上的缺陷而觉得不如他人所产生的情绪。自卑会对一个人的行为产生极为严重的负面影响，在人际交往中会表现为不够自信，不够积极，不善于表达自己的感受等。自卑是人们产生社交恐惧的最直接的原因。导致自卑的原因是多方面的，包括对自己没有足够的认识，对自己期望值过低，性格内向，经历过很严重的挫折等情况。

1.自卑的成因

从高中到大学，在众多优秀同学的对比之下，曾经在学习上名列前茅的学生一瞬间成为极为普通的人，这种身份上的落差会引起学生极为强烈的心理变化，极易因此产生自卑心理，又因为现如今的很多大学生的性格十分内向，在高中的时候，紧张的学业暂时掩盖了他性格上的缺陷，升入大学后环境改变了，大学对于学生的要求发生了改变，在高中的时候的内向性格并不能很好地适应大学的生活，在适应中不断地碰壁，很多同学会将自己遭遇失败的原因归结于自己能力不够，这种认知将会是学生不再相信自己的能力，不再期望参加之后的交往活动，逐渐产生自卑的心理，又因为有自卑心理，大学生不再乐于与其他大学生进行交往，不敢再去参加交往活动。

2.如何克服自卑心理

（1）全面认识自我，充分肯定自我

自卑者有一个共同的特点：让他说说自己的长处，往往说不出来，但如果要让其说说自己的短处，他就会说出很多；对于别人给他指出的长处，往往也不能很好地接受。因此，自卑者要走出自卑的心理阴影，就必须转变看待自己的视角，善于发现自己的长处，肯定自己的成绩。既要看到尚待完善的方面和今后努力的方向，又要看到已经取得的成绩和拥有的优势。

（2）改变不合理观念

自卑的人往往存在一定的认知偏差，并且是习惯性的思维模式。我们要帮助他们学会正确归因，要正确认识自己，一次失败并不能否认自己的能力，对失败的原因进行深入探究，毕竟失败的原因多种多样，不一定是由于自身的能力不足造成的。人生在世，不如意的事常常会有，重要的是能正确面对挫折和失败，总结经验教训，而不是消极应对和情绪化反应。

（3）积极的自我暗示与自我激励

相信“天生我材必有用”，理解人与人之间因特长、能力差异而导致的优势不同，善用自己的“长板”，怜惜自己的“短板”，不苛求自己，可以经常会想自己的成功瞬间，这些通过自己努力而成功的事情可以增加自己的信心。

（二）猜疑

猜疑是由于心理失调而引起的心理变态，这种心理属于不符合事实的臆测。这种心理的产生主要是因为对自己的不自信以及对他人的不信任。一般情况下，短暂的猜疑不会影响人际关系，只要好好沟通就能解开误会，但是极端的猜疑就是一种极端的病态心理，主要表现为害人害己，严重影响猜疑者的心理健康。如果一个人长时间地对他人处于一个不信任的状态，自己就会长时间的紧张与焦虑，不再有安全感，甚至于会引起内分泌失调。长时间地猜疑之后甚至于会诱发当事人的各种疾病，使其生理与心理都遭受严重的损害，最终会导致悲剧发生。值得注意的是，在生活中，极端猜疑的人会逐渐发展成具有攻击性的变态人格的人，对于他人有着很强的攻击性，最终害人害己。

1.猜疑的成因

猜疑心理产生的原因是缺少人与人之间的信任感，一般情况下，真诚与信任是拉近人与人之间的距离的有效工具。对于那些有猜疑心理的人来说，虽然会怀疑一切，但是实际上是不自信，以及害怕遭受交往挫折，如果个体曾经在交往中被他人伤害，就有可能在之后的人际交往中产生一定的猜疑心理，这么做是为了防止之后再次受到伤害。

2.如何克服猜疑心理

（1）时刻反思自己的人际交往，确保不会使猜疑心理经常出现。当自己开始怀疑别人时，立即寻找产生怀疑的原因。

（2）积极肯定自我，悦纳自我，增强自信心，提高个体的自我价值感，正确认识自己和他人，相信爱和善意是与人相处的力量。

（3）及时沟通，解除疑惑。当我们在交往过程中产生疑惑时，不妨冷静思索，通过恰当的方式与对方沟通，谈谈自己的感受而不是苛责对方。理解自己也理解他人，人与人之间的沟通其实都是从误解开始的，每个人都是基于自己的角度去理解别人，这样的理解往往过于主观，从而容易错误地理解别人的真实用意，如果能设身处地多从别人角度去理解，那么彼此的沟通就会非常融洽。

（三）嫉妒

嫉妒指的是一个人对于在一些方面优于自己的人所产生的不愉快甚至于怨愤的心理，值得注意的是，社交嫉妒感会严重影响到大学生的人际交往。

1.嫉妒的成因

嫉妒的产生一般是因为在童年时期的家庭教育中被溺爱，个体滋生强烈的占有欲，在长大后会经常与他人进行对比，别人不如自己就会沾沾自喜，如果自己不如别人就会愤怒甚至于产生攻击的心理。值得注意的是，这种心理属于一种十分畸形的攀比心理，当事人极度渴望被人赞赏，难以接受别人比自己更好的现实。甚至于，这种心理的产生是因为个体无法接受自己的不足，将这种不好的情绪转给他人，认为是别人的成功掩盖了自己的优势。

2.如何克服嫉妒心理

（1）发挥嫉妒的正向作用

人们总是能够从别人身上发现有点，以此来判断自己在这一个群体中处于什么样的位置，对于一个成功的人来说，只有时刻将他人的优点作为自己的标杆，充分利用自己的嫉妒心理，不断努力超越目标，承认别人的优越，承认差距的存在，重新认识自己，发现自己的价值。

（2）正确评价自己，纠正自己的内心偏差

嫉妒是以自我为中心的产物，只有克服以自我为中心的思想才能很好地接纳别人的进步和成长，不要将别人的成功和自己的失败画等号。我们既要主动学习他人的长处，同时也要看到自己的优点，只有这样才能保持心理的平衡，不因别人的成功而沮丧。

（3）学会转移，善于进行自我情绪宣泄

保持良好的心态，化消极的嫉妒心为积极的进取心，力求赶上对方，弥补自己的不足，积极寻找生活中的乐趣，培养开放、自由、乐观的心态，让包容的人格魅力吸引更多志同道合的朋友。

（四）孤僻

1.孤僻心理的定义

孤僻的外在表现就是不合群，难以与其他人保持一个和谐的关系，经常是单独一人的状态，这种人一般情况下是内向型的性格，值得注意的是，孤僻的人大多数都有着极强的猜疑心，这种人缺少与朋友之间的友谊，难以感受到生活的美好，经常会表现出消沉、颓废的负面情绪。

2.如何改善孤僻心理

（1）确定有效的价值目标，培养自信心

拥有孤僻心理的人自我封闭十分严重，如果要解决这一问题，可以通过将对自我的过分关注转移到其他方面实现，这样就可以有效地缓解孤独感对自己内心的影响。主要可以通过设立一些目标来实现，在完成这些目标之后就能够有效地提升对自身的认可程度，有效增加与他人交往的兴趣。首先需要认真地审视自我，找到自己的闪光点，发挥自己的价值找到自己的位置，付出自己的努力；其次，要选择合适的时机激励自己，不轻言放弃；最后，相信自己，肯定自己，努力提升自己的交际能力。

（2）积极推出自己，融入集体

一般情况下，孤僻的人可以分为两种，一种是排斥别人了解自己，只待在自己的世界里，不屑与人交往，为显示自己的个性，故意封闭自己。第二种是，虽然很愿意与别人交往，但是因为自身的原因，会慢慢地被他人孤立，直至孤单一人，最终走向了自我封闭。这两种孤僻的人都必须认识到自己的问题，孤僻对于自己的危害，要努力地融入集体中，积极地参与活动，使得更多的人了解自己，直至慢慢摆脱孤僻的世界。

（五）异性交往障碍

1.异性交往障碍的定义

对于大学生来说，两性之间的交往是他们十分迫切的愿望。但是当代大学生因为各种原因的影响，使其十分惧怕与异性交往，最终导致当代大学生在面对异性的时候表现出既渴望又惶恐的心理状态，在长久的压抑下，逐渐形成了异性交往障碍。其中，异性交往障碍指的是因为内心极度渴望与异性接近但是在异性面前又会表现得十分紧张与恐惧的状态。异性恐惧一般情况下表现为不敢与异性进行眼神的接触，甚至于不敢与异性进行交谈，一旦与异性交流就会出现面红耳赤，言辞紧张，浑身出汗等情况，因此一次次失去与异性交往的机会。

2.异性交往障碍的成因

在大学生活中，一些同学的性格内向，封闭自我，很少与异性进行交流，这种隔阂就导致其对异性有一种天然的神秘感与陌生感，最终恶性循环，更加不敢靠近异性。更为重要的是，异性交往障碍还有一部分原因需要归咎于家长，这是因为在我国对于青少年的性教育总是讳莫如深，封建思想还有残余，家长并不能给孩子一个正确的指导，有时对于女孩来说，经常被灌输“男女授受不亲”的思想，这也成为大学生与异性交往的一道无形的障碍。还有一部分大学生由于曾经在与异性交往的经历中遭受过挫折，对异性产生了防御心理，缺乏信任，使得他们现在没有勇气直面眼前的异性。

3.如何克服异性交往障碍

（1）进行异性交往技巧的学习

①可以主动与异性进行交流，突破自己，从最简单的交流开始。

②锻炼自己的语言能力，对于很长时间没有与异性进行交流的人来说，突然与异性进行交流会难以组织语言，这就可以在平时多进行练习，提升自己的语言水平。

③抛却封建糟粕思想，对待异性要表现出自己的真诚与礼貌。

（2）塑造良好的性格，增加对异性的吸引力

性格是具有可塑性的，塑造良好的性格，改善自己，培养自己的能力，在面对异性时要做到真诚、热情、给予对方信任，如果想要与异性交往，可以直抒胸臆，这样可以减少对方对自己的防备。

第三节　大学生的爱情心理咨询

一、大学生恋爱的心理过程

大学生的恋爱心理过程十分复杂，主要就是爱恋的双方互相了解对方的过程。

（一）感受阶段

感受阶段就是爱情最开始萌芽的阶段，在交往的过程中，男女大学生对某位异性有了兴趣，在这一段时间，外貌占据着重要的位置，因为一个优秀的外貌能够使人心情愉悦。对于一些学生来说，就是因为这种一见钟情的感觉而盲目地恋爱，但是，这种爱情并不牢固，很容易见异思迁。

（二）注意阶段

当被某一个异性吸引的时候，就会不自觉地将所有的注意力集中到他的身上，会关心他的所有信息，甚至于会在私下里排练怎么表白，幻想一些约会的场景，这一阶段多数为单相思，如果没有一个好的机会，这份爱情就会流失。

（三）求爱阶段

求爱阶段是最艰难的阶段，在这一阶段，求爱者承受着极重的心理负担，内心闪现着各种各样的担忧，害怕种种变故，比如向对方表白被拒绝，写的情书字不好、内容不好，自身不够好看，表白被拒，被人嘲笑等情况，在这一阶段非常容易因为求爱挫折而产生心理障碍。

（四）恋爱阶段

恋爱关系的确定就是双方一方提出恋爱的请求，另一方选择接受。在两人达成恋爱关系之后，他们之间就开始了两个人之间的情感交换的行为。在两人进行情感交换活动的时候，一个成熟的大学生就会开始为他们感情的未来作出规划，能够正确地看待爱情与事业之间的关系。

二、大学生恋爱的特点

（一）爱的自我性和短暂性

大学生在青春期这一年龄段主要表现为十分在意外界对自己的各种看法、评价，自己对自己也有对应的评价，于是，恋爱就成了大学生彰显自己能力的途径。现代大学生接受教育，思想开放，不受束缚，恋爱观念更注重个性，并不太受长辈对自己的影响。于是，这种独立性强的特点使得大学生更加注重恋爱的过程，享受恋爱这一过程中两个人心之间的交流。就比如，曾经有人询问一名女生的择偶观，但是这名女生却反问询问者，为什么要严格按照自己的择偶观谈恋爱，她现在年纪还小，需要通过对恋爱的实践来确定自己的恋爱观。现在的大学生十分注重恋爱时的感觉，注重过程，并不十分看重恋爱的最终结果，这就导致，现在的大学生恋爱的频率极快，总是更换恋爱对象。

（二）爱的形式性和不稳定性

现阶段大学生的爱情越来越注重形式，浮于表面，要知道，爱情并不是只有一种形式的。大学生并没有将大学期间的爱情当作之后的婚姻进行维护，仅仅将其作为丰富大学生活的一部分。

（三）爱的激情性和受挫性

大学生总是渴望爱，但是缺少爱的能力，对于大学生来说，总是在冲动之后无法长时间维护爱，直至两人在各种矛盾与争吵中分手。电影《爱德华大夫》中有一句台词："女人能成为最出色的心理分析专家，但一旦坠入爱河，就可能是一个典型的精神病人。"这说明爱情对一个人的思想和生活具有很大的影响。

相关研究表明，一般到了大三、大四有近半学生承认自己有失恋的经历，而且在感情受挫期出现一些心理问题的不在少数，摆脱不了情感危机。值得关注的是大学生失恋后的表现：有的失去信心，有的不再追求爱情；有的开始自暴自弃，甚至于影响到了自己的学习与生活；有的因为自己失恋失德，最终做出了对社会产生危害的事情。出现这些情况都是因为大学生的恋爱心理素质不够高，对于爱情的理解不够成熟，难以承受失恋的挫折，等等。

三、恋爱的心理类型

（一）初恋情结

1.什么是初恋情结

对于人来说，总是对没有完成的事情念念不忘，记忆犹新，而对已经完成的事情很容易就忘掉了。初恋是无言的遗憾，对于一个人来说，初恋很容易让人患得患失，直至深陷其中。就比如一名叫作池莉的女作家就在自己的作品中不止一次地写过初恋记忆的深刻性，初恋的相关记忆一直深藏在我们的心里，直至遇到某个特定的时刻就会勾起我们的回忆，一时间让人难以自已。对于一些大学生来说，总是沉溺于曾经拥有的对于初恋的回忆之中，因为难以忘却初恋的美好而严重影响了现在拥有的恋情。

2.初恋情结困扰的建议

（1）面对初恋情结，要明白迷恋过去并不是真爱

人类的记忆有一种十分特别的功能，就是可以将一段充斥着痛苦与快乐的回忆进行分割，只记住那段时间的快乐回忆，这种现象就被称为“记忆的乐观主义”。具体来说，这种记忆机制就比较像经历过生孩子的母亲会在见到自己的孩子之后忘却那一段时间身体上的痛苦，而沉溺于美好的幸福感中。与之相似的是，很多人对于初恋的回忆总是那些甜蜜的、没有痛苦的回忆。但是，当人们努力寻找曾经的美好的时候，发现并没有办法找到当时的感觉。

（2）及时做好初恋失败后的心理康复指导，避免形成心理情结

初恋情结是因为当时经历过初恋之后受到的心理创伤并没有及时地被修复，这段心理伤害会一直留存在心中，直到弥散到之后的恋情之中。为维护学生的心理健康，作为青少年的家长与教师，必须要对其恋爱心理进行教育，对于青春期就陷入热恋之中的学生，要明确地提醒他，很多青春期的恋爱并不会有结果，在其经历失恋的痛苦时，要及时地开导他，教育他，让他知道，初恋之所以令人难

以忘却就是以为这段感情没有结果，在之后的人生中就会对这段感情不断回忆，直至沉迷。

（二）暗恋心理

法国精神病学家克雷宏波提出“钟情妄想”的概念，指人们将爱情神圣化、绝对化的现象。钟情妄想是精神异常的一个重要表现，是一种变态心理，指融入大脑的主观形成与客观实际相脱节，常见的是坚信自己被某人所爱，即使遭到对方严词拒绝仍毫无质疑，认为对方也很爱自己，是对自己的一种考验。

在青少年迈入青年阶段时，他们正处于大学学习阶段，在这一段时期，他们会有旺盛的精力对异性充满好奇，并付出行动去追求，这种行为是正常的。但是需要注意的是，爱情的错觉体验会导致恋爱的当事人只关注当时的片刻欢愉，但是之后就是长久的心理上的痛苦。应当对恋爱错觉进行及时的了解、预防、纠正，帮助当事人逐渐认识到真正的爱情。暗恋多出现在性格比较内向、自卑感强的人身上，不敢接受失败。对于爱情，要勇于突破自我，采用含蓄、间接的方式表明情感。

“不识庐山真面目，只缘身在此山中”，在某种意义上，恋爱就是自己与自己进行恋爱的一段心理过程，在这段时期，当事人总是自我陶醉，但是需要对这种行为进行制约，否则就会演变成情感创伤，甚至于在之后会发展成为变态的爱情，需要反思理想化的合理性与可行度。如果不确定自己是不是在暗恋，就可以将自己的感受、认识等告知朋友、家长、教师等，听一听局外人的意见，获得更为真实的反馈。

（三）一见钟情

在这个追求效率的时代，很多程序都变得更简单、更快捷，在大学时期，总是会出现“一见钟情”的现象，这是因为大学生在面对样貌姣好的异性时会对其产生似曾相识的感觉，但是这种恋爱的双方并没有对对方有一个深入的了解，就会导致之后的矛盾爆发。

一见钟情会导致恋爱双方没有发现对方存在的优缺点，会对之后的生活产生困扰。当我们遇到一见钟情的那个人，要理智、冷静、深入地了解对方，在长期的交往中检验和巩固这种感情。

（四）失恋心理

爱情会使人产生最大的快乐，也会给人带来极度的悲伤，失败的爱情会产生各种问题，这是因为在恋爱期间可能是快乐的，但是在恋爱结束后产生的心理创伤可能需要一生抚平。

当热恋中的一方突然被另一方抛弃时，他所感受到的就是失恋的感觉，这种感觉是痛苦的，对一个人的心理有着十分严重的影响。对于一些人来说会有足够的办法去处理这段时间的心理，但是对于一些心理脆弱的人来说，这种创伤会严重影响这个人的生活，从而产生一些问题。

失恋会经历两个阶段：抗议阶段和绝望阶段。在抗议阶段，被抛弃的人表现出旺盛的精力、提高警戒性和挽回心爱之人的强烈动机。这一阶段，失恋者会体验被遗弃的愤怒和抑郁绝望情绪。

对于失恋，我们首先应当明白，失恋已经成为现实，为抚平内心的创伤，我们需要将不健康的情绪进行合理的宣泄。失恋的人之所以内心痛苦，就是因为他不敢接受失恋分手的现实，这就需要双方合理地接受现实，保持理智。要注意，并不需要喋喋不休地追问为什么对方不再喜欢自己，为什么要分手，要知道万事万物都在不停地变化，两人的情感也在不断地变化，没有什么是不会改变的。面对失恋带来的内心的痛苦、空虚等负面情绪，可以选择与朋友交流进行倾诉，找合适的地方进行发泄，又或者是听音乐、看电影、听演讲、郊游等。但是无论如何，都要抱着积极的态度，及时从痛苦中走出来，不能没有休止，人生很短暂，人不能抱着伤痛过完一生，不应该因为一个人而停止前进的步伐。

其次，冷静分析原因，正视现实。理智的分析可以帮助我们摆脱失恋的苦恼，在分析的过程中，也可以采用自我安慰的方法，运用挫折合理化心理进行感情转移。

最后，升华自己的人生目标，不把爱情等同于人生。大学生活应该是丰富多彩的、美好顺利的，可是有的人因为失恋而失去自我、荒废学业，甚至面临失去光明前途与未来的危险。人生拥有的感情不只是爱情，还包括父母的期望、朋友的关怀、同学的情谊等，一个人要做的事不只是恋爱，要将对方的离开看作一件值得感恩的事情，因为他 / 她的离开，教会了自己成长。

（五）控制心理

在大学校园里，情侣们经常有类似情感问题出现，初识异性然后开始一段恋情，过了一段时间之后，恋人们就会感觉如履薄冰，没有安全感。他们花更多的时间与彼此耗在一起，远离自己所在的朋友圈，甚至很难拥有朋友，总是莫名地嫉妒，哪怕是同性朋友，也感到不满或不安。他们很难继续正常的活动或爱好，因为这段感情耗费了太多的时间和精力，所有这些信号都表明，恋人们处于高度的控制型爱情关系的漩涡中。

如何给控制型的爱松绑？

（1）不要把恋爱对象当成治愈自己心理创伤的工具。如果停止对男 / 女朋友的抱怨，而是从现在开始努力，不单单只是索取，学会去给予。

（2）不要给爱情压力，再亲密的人也是另外一个人。

（3）在爱情中要有自信，要自爱，不能够强迫他人迁就自己，失去自我。爱是不可能索求的，只能从自爱开始。爱的来源是我们的心，而不是外部。不爱自己，将不知道什么是爱，即使它已经出现在我们面前。我们是自己的主人，毋须乞求爱，爱永远是大方呈现和分享的，条件是自爱。

第四节　大学生的性心理咨询

一、性的本质

在生物进化过程中，性一直没有改变，它的主要标志是性器官与性特征，在客观情况下是为了繁衍后代。对于人类来说，性是一种多维价值系统。性生理是人类性的生物学基础，性心理不仅仅是一个单纯伴随着性活动过程的神经精神活动，更是一种生命感受和独特的体验，这种感受和体验受意识形态、道德观念、文化沉淀等社会因素的制约，使性又具有社会学意义。

人类的性实际上是生物、心理、社会三因素共同作用的结果。人类的性在表现过程中，一方面受性激素的影响，被称为背景性性欲；另一方面会受现实生活中的情感与道德因素的影响，最终构成应激性性欲。大脑会通过各种外部感官收集，在经过思考之后决定是否表达或者如何表达出来。

总而言之，人类的性的内涵为多方面，分别是生物性、心理性、社会性，这三个方面互相交织作用，就是人类的性。

二、性心理障碍发展特点

（一）性偏好障碍

恋物癖是性变态的一种，属于性偏好障碍。恋物癖的性欲望来自其收集的异性物品，这一癖好的典型特点就是其性刺激的重要来源就是所恋的物品，并从中获取性满足。

从生物学角度来说，恋物癖的产生与基因有关。

从心理学角度来说，恋物癖可能是由于患者小时候在性发育期，错误地把女性用品作为激发自己兴趣的手段，逐渐形成了条件反射。

从社会学角度来说，不良的家庭和社会成长环境造成的性格缺陷、创伤性的诱因、严重的性挫折都是发病条件。

对于恋物癖的防治要从幼儿开始，重视后天环境对健全人格养成的作用。要根据少年儿童的心理发展特征进行性教育，使其顺利度过俄狄浦斯期，鼓励正常的两性交往，消除对异性的神秘感。鼓励青少年努力学习，掌握性心理知识，纠正错误的性观念，积极参与正常的两性交往，积极参加集体活动，培养良好的个性品质，尤其要注意培养自制力，加强品德修养，这些措施都有助于预防恋物癖。

（二）性指向障碍

同性恋指性成熟期个体在正常生活条件下，对与自己相同性别的人持续表现性爱倾向，包括性需要、性欲望、性冲动和性爱行为均指向同性。

在 20 世纪初期，同性恋被认为是一种精神疾病，医生会采用各种治疗方式对其进行纠正治疗，这些行为使得同性恋者对性产生了普遍恐惧心理，心理受到严重创伤，甚至于很多同性恋者不堪忍受屈辱而自杀，直到 1997 年，同性恋才不被认为是一种精神疾病。

2001 年，中国也不再认为同性恋是精神疾病，成功实现了中国同性恋的非病理化，中国精神病学协会认为，同性恋并不是反常行为，同性恋之间也可以过完全正常的生活。

总之，不同的学者给同性恋不同的界定，从排斥到接受说明同性恋是一种极其复杂、多样的生理、心理和社会现象，需要科学、理性地对待。对有同性恋倾向的学生一定要关心、关爱，帮助他们更好地适应生活、发展自我。

三、健康性心理措施

（一）学习科学性知识

在我国，许多大学生从未受过系统的性科学教育，大学生对性产生了强烈的猎奇心理，主动追求甚至迷恋。对于性的幻想和性的不正确宣泄渠道往往引起大学生强烈的内心冲突，这些冲突会引发大学生对自己的人品及道德产生深深的怀疑，会严重影响正常的生活，使大学生长期经受自我折磨。所以，大学生要加强教育和自我学习力度。

首先，要树立科学的性观念。性是一门科学，大学生应该以科学的态度坦然面对，正确认识性，知道性在自然层面上意味着身体的成熟，在社会层面上意味着对两性知识有着理解与自律，在精神层面上，有着成熟的人格与相应的责任感。

其次，大学生应当从健康、正规、科学的来源处获得性知识，这些性知识的传授者包括医生、教授性教育的教师，或者有性知识的父母，以及符合自己年龄特点的有关性知识的图书或影视资料。

（二）加强家庭性教育力度

父母在两性关系上的观念、行为方式都对大学生起着潜移默化的作用。在我国，家庭对孩子的性教育严重缺失，且有些家庭还存在不当的教育方式，这些不但对孩子正确性知识的获取形成了阻力，也直接影响了孩子正确性观念的形成。

家庭的性教育的缺乏源于一些滞后的观念，例如认为性是无师自通，无须教育，担心刺激孩子性早熟，以及家长不具备青春期性知识。国外有一本性教育读本《思春期》，这本书中的父亲对孩子进行了基础性教育，当书中男孩子无意间向父亲问某些与性有关的问题时，父亲仔细聆听了孩子提出的问题，认真回答了关于手淫等敏感问题，所以，书中的孩子大约只有十一二岁，顶多不超过十三四岁，他不仅没有手淫的经历，而且从来没有过遗精现象。

父母对两性关系的态度和行为对孩子正确性观念的形成起着潜移默化的作用。大学生正处在性成熟、选择性行为的关键时期，面对孩子出现的性发展过程中的各类状态，父母不能采取简单粗暴的处理方式，不能居高临下，甚至训斥、侮辱或上升到道德人格层面，这样会让孩子内心有恐惧感，认为自己是一个所谓的“坏孩子”，造成意想不到的严重后果。

（三）加强学校的性教育

高校在对当代大学生进行性教育和青春期教育方面未能给予足够的指导，在引导当代大学生生理和心理同步发展方面仍需加强。

近年来，全国各地多所高校开设了性教育的课程，其中北京大学的性教育课程已经有接近 20 年的历史，这门课程被同学们亲切地称为“三宝课”。华中师范大学彭晓辉老师在 1992 年开了一门专业选修课“性生物学”，3 年后，该课程被推广到全校各专业，并融入性社会学、性心理学知识，改名为“性科学概论”。作为公选课，该课程面向全校学生开放，场场火爆。

学校心理咨询中心开设专门的性心理咨询，这是大学生性心理健康的有效求助途径。学校要加强宣传教育，鼓励学生遇到性心理问题多咨询专业人士。

（四）营造良好的社会性文化氛围

性心理的发展，一方面要受性生理发育状况的制约，另一方面也受当时社会性文化的影响。现在，社会性传播媒介作用存在很多问题，错误的性知识，不健康的性观念，色情、淫秽的文字、图形、音像出版物，文学艺术作品中的隐晦色情描述，都潜移默化地影响着大学生的性观念。

社会应利用各种传播媒介普及性科学知识，净化社会环境，以多种形式，有计划、有目的地把科学的性知识和健康的性观念传播给社会成员，营造良好的社会性文化氛围，这也是大学生健康性心理塑造不可忽略的重要环节。性教育是一个迫切需要得到贯彻落实的重要教育内容，我国可借鉴国外的性教育方式，例如英国从孩子五岁起通过漫画、电影及课本进行性教育，如《我是如何出生的?》一书详细地描述了性行为；日本的性教育从娃娃抓起，小学就普及性教育，通过特别讲座讲述性别、性生理、性行为、避孕等知识，高中成立“协助者协会”，负责给学生提供性教育，发放性教育指导手册；荷兰的父母会在餐桌上和孩子讨论性的话题，荷兰拥有欧洲国家最低的青少年怀孕率。近几年，我国也加强了性教育力度，提出了很多教育对策，形成了家庭、学校、社会、个体四位一体的性教育联动机制，开设性心理咨询机构，性心理教育进课堂，培养学生健康性行为的自我调节能力，社会机构介入性教育，取得了一些成效。

第七章　大学生心理咨询技术与实务

大学的咨询室中会遇到不同心理问题的大学生，为了更好地展开咨询工作，咨询师需要掌握各种咨询技术来应对学生，同时也要有应对特殊问题的能力，本章就从常用心理咨询技术、心理咨询中的特殊问题及处理和大学生心理问题咨询实务分析来详细介绍大学生心理咨询问题的解决。

第一节　常用心理咨询技术

一、基本的参与性技术

（一）倾听

在进行心理咨询时，首先要学会倾听，这是建立起双方良好关系的第一步，倾听技术是心理咨询的重要技术和咨询过程的基础。倾听是指在接纳的基础上，认真、积极、关注地听来访者的讲话，并主动引导来访者积极思考，合理地澄清问题，最终建立起一个良好的咨询师与来访者之间的关系，最终帮助来访者。

倾听是咨询师摄取和理解来访者所传达信息的能力。对于咨询师来说，要进行正确的倾听，为保证咨询师能够深入了解与领会来访者的感受，还要咨询师细致观察来访者的言行，在交谈过程中记录他是如何表述问题的，了解来访者如何表述自身与他人之间的关系等，咨询师要细致入微地观察来访者的语调变化、语音停顿、表情、姿势等。

（二）询问

在心理咨询中十分常用的一个咨询技巧就是询问，也被称为提问，主要是通过咨询师与来访者之间进行交流，帮助咨询师了解来访者的信息，鼓励来访者进行自我暴露、澄清问题，提高来访者的内省。询问在生活中的各类谈话中也很常见，如何询问，询问有什么技巧，这些都是需要学习和注意的。

主要的询问方式有开放式询问、封闭式询问、半开放式询问、多重选择式询问。咨询中选择哪种询问方式一般要根据咨询情况确定，咨询主要以开放式询问为主，特殊情况下，也可使用限制性开放询问。

1.开放式询问

开放式询问是倾听过程中引导来访者的技巧之一。这类问题的答案不是用“是”或“否”可以简单回答的，来访者需要进行一段解释、说明或补充，能够引出咨询师想要了解的信息。

2.封闭式询问

对于封闭式询问来说，经常会使用“是不是”“对不对”“有没有”等词语，来访者的回答一般情况下也是“是”“对”“有”等简单的回答。这种询问方式使得收集的资料更显得条理化，这么做有助于短时间内找到重点。

封闭式询问的回答具有唯一性，范围较小，有限制性。

询问还可能花费时间而不得要领，无助于获取真实情况。在咨询中，封闭式询问应与开放式询问结合起来，效果更好。

一般封闭式询问的回答的关键词：是、否，对、不对，有、没有。例如：

（1）你是常常失眠吗?

（2）你有没有去过北方?

（3）你希望所有人都关注你，对不对?

3.半开放式询问

半开放式询问指在一定的前提限制下可以开放回答的询问。例如：

（1）请谈谈你那一次经历……的感受?

（2）你能说说当时的情景是什么样的？你当时有什么反应？

4.多重选择式询问

询问中注意谨慎使用多重选择式询问。如果多重选择式询问过多，会让来访者不知道回答哪个，可能漏掉重要信息，而且多重选择式询问的回答是封闭式的，不利于进一步开展会谈。例如：

（1）你到底是想回家还是留在学校？

（2）你到底是想咨询学习问题还是咨询恋爱问题？

（三）鼓励和重复

鼓励是借助一些短语或者复述来访者谈话中的一两个关键词或语气词，或者通过点头、注视等表情动作，或者重复强调来访者讲话中的某句话或某部分内容，鼓励来访者进一步讲下去。

1.鼓励

鼓励技术就是指咨询师在倾听了来访者的话语之后使用“讲下去”“还有吗”等，对来访者的叙述内容进行强化并鼓励来访者进一步讲下去，鼓励他记性自我探索与改变。

这种技术除了可以用于促进会谈之外还可以通过来访者叙述中的某一点进行方向的引导，牢牢把握住双方谈话的走向。

2.重复

重复技术就是指咨询师通过对来访者所叙述语句中的某一部分进行重复以引起来访者注意，对该句话进行重视，最终明确其需要表达的内容。更为重要的是，对于语句进行重复就表示咨询师正在认真倾听来访者的叙述，进入了来访者的世界中，并可以将话题引入咨询师想进一步了解的方面。

从不同的角度鼓励，就会引导来访者在从不同的方向进行深入交流，由此可知，专业的心理咨询师应当注重牢牢把握与来访者交谈的内容与主题，在进行有效交谈的基础上，心理咨询师需要根据经验选择最合适和最关键的主题予以鼓励和重复。由此可以看出，咨询师主动、积极地参与式倾听是为了抓住来访者话题的核心和问题的关键。很多情况下，来访者的最后一句话是比较重要的，可以对此加以鼓励和重复。

二、心理咨询影响性技术

（一）面质

1.面质的定义

面质又被称为质疑、对峙等等，指的是由咨询师来指出在咨询过程中来访者身上展现出的矛盾。在进行咨询的时候，咨询师经常会发现来访者会出现自身的言行与行为之间的不一致，或者是理想与现实、前言与后语等等之间会存在不一致的情况，这个时候就需要咨询师能够及时指出来访者的问题，因为咨询师发现的这些不一致当中可能会存在来访者问题的关键信息，正是由于各种矛盾的信息才能够进一步确定问题的实质，但是指出的方式需要仔细斟酌，要注意不能引起来访者的不适，面质的顺利进行能够有效促进咨询的进行，之后来访者才能够正确认识自身的问题，并选择合适的手段进行纠正。

在进行面质的时候，咨询师要注意遵守职业道德，把握事实根据，绝对不可以借助面质对来访者进行个人发泄，在面质过程中咨询师要注意观察来访者的情感变化，对于问题的询问要考虑来访者的感情，严格禁止进行无情的攻击。值得注意的是，咨询师与来访者之间的咨询关系如果没建立好的话尽量不要使用面质，就算是不得不使用也可以考虑使用尝试性的面质。

2.面质时的注意问题

（1）面质需要根据事实

对于咨询师来说，在进行面质的时候需要严格根据事实进行，在已经明确事实的基础上进行面质的工作。在事实不充分、不明显时，咨询师应当尽量避免使用面质。

（2）面质时态度要真诚

在进行面质的时候咨询师的态度要表现得真诚、平和、温柔，说话的语气要委婉，不应将个人情绪掺入面质的过程中，不能够进行个人情感宣泄，不能对来访者进行攻击。面质的主要作用是帮助来访者实现自我成长，主体是来访者，所以说咨询师不应掺杂过多的私人感情。

（3）面质时应注意适度

在进行面质的时候，咨询师的态度应当是真诚的、合适的，语气应当是诚恳的、平和的，需要注意的是，面质并不是为了显示咨询师自身的智慧与风度，面质的主体是来访者，需要时刻注意来访者的感受与接受程度，对于一些咨询师过于使用面质，从而导致来访者痛苦与尴尬的情况是不对的。

（4）面质要以良好的咨询关系为基础

面质开始的前提是咨询师与来访者之间已经建立了一个良好的咨询关系，这种稳定的咨询关系才能够使来访者平和地接受面质。在进行面质的过程中，咨询师总是会提出一些较为尖锐的问题，这就需要来访者有一定的心理准备，所以说，面质对于双方建立的咨询关系是一种挑战。所以说，咨询师的真诚、平和等都会对来访者带来温暖，更加适应面质。

（5）选择合适的面质时机很关键

咨询中，虽然咨询关系没有建立很稳固时不建议使用面质，但如果不得不用时，咨询师应该把握好面质的契机，同时用尝试性面质语言，显得留有余地或者具有探讨性。

（6）针对来访者的优势面质

尽可能面质来访者比较优势的方面，而非弱势的方面，这样的咨询效果更好，让来访者利用自身的有利资源挑战自己。

（二）解释

解释技术是影响性技术中比较具有咨询师个人特色的技术，通常是咨询师运用心理学的理论来描述来访者的思想、情感和行为的原因、本质等，或对某些抽象、复杂的心理现象、过程等进行解释，即咨询师表达对来访者特定问题的另一种看法。

例如有一位通过摩擦女性穿着丝袜的腿而获得性快感的男性来访者，针对这个来访者的问题，精神分析取向的治疗师会从童年经验入手解释，认为是其童年性心理发展的某个阶段出现的性功能固着，影响成年后性行为取向的方式并使其发生扭曲。行为主义取向的分析师可能会从条件反射、刺激和反应之间的联结入手，认为这个问题可能来自偶然的对丝袜接触性刺激产生兴奋建立起的联结，而认知取向的咨询师则可能会从个体认知出发进行解释，认为是个体错误的认知导致的性取向认知扭曲。如果调整认知方式，来访者认识到并非只有丝袜刺激才会产生性快感，可能会有所转变。

新手咨询师经常根据自己学到的某一流派的概念、方法进行解释，但是实践中往往发现似乎理论和实践之间有很大距离，学会了理论却不一定能很好地进行应用。切忌简单地进行理论套用，甚至削足适履。

（三）指导

指导技术也是心理咨询影响性技术中的一种，指的是需要由咨询师对来访者提出要求，要求他进行某一个特定的行为，由此观之，指导应当是最具影响力的一种技巧。常见的指导由行为主义、系统脱敏法、家庭作业、放松训练等。

一般情况下，指导性咨询语言包含两种，第一种是将语句变得更加积极，就比如咨询师会要求来访者做出下列行为，“请把你所说的‘我应该怎样’改为‘我希望怎样’，把‘我干不了’改为‘我试试’”，第二是咨询师会针对来访者的某些词语进行指导，就比如将“应该”“必须”等词语换成“希望”“可能”等词语。

在一般情况下会将指导分为三种类型，分别是：角色身份指导、训练性指导、忠告和建议。

（1）角色性指导：就比如角色扮演、角色颠倒练习等。

（2）训练性指导：咨询师会通过设置行为训练等方式帮助来访者进行改变的指导方式，就比如放松训练、决断训练、系统脱敏训练等。

（3）忠告和建议：需要咨询师从受访者的角度看待问题，为其提供一些忠告与建议，尤其注意的是不要啰唆。

第二节　心理咨询中的特殊问题及处理

心理咨询中出现的一些特殊问题比如来访者的沉默或者多话都可以称之为阻抗现象。阻抗是精神分析中一个重要的概念，它指的是可能阻碍治疗过程或阻止来访者接触自己意识层面内容的所有因素。进一步明确来讲，阻抗主要指来访者不愿将自己那些压抑在无意识层面的内容带进意识范畴。在进行自由联想或对梦境联想时，来访者可能会表现出一种不愿谈及某些想法、感受或经历的迹象。弗洛伊德将阻抗视为一种无意识动力，人们通过这种无意识动力来防御那些可能产生的令人无法忍受的焦虑和痛苦。

一、不同心理学派对阻抗现象的解释

（一）精神分析学派

精神分析学派认为，阻抗的来源是来访者自身拥有一些难以回忆的痛苦，于是将这些难以回忆的痛苦掩藏起来，从而避免了焦虑与痛苦的产生。在经典精神分析学派中，阻抗是来访者为了保护自己所选择的一种心理防御机制，这是所有防御机制的总和，这么做是为了控制焦虑。从本质上来看，阻抗与压抑是同一种力量的不同表现形式，先产生压抑，之后再通过阻抗维护压抑，据此，在精神分析学派的理论中，阻抗是心理咨询中的一个十分重要的过程，咨询师应当帮助来访者对其产生的阻抗进行分析，最终化解阻抗。

（二）行为主义学派

行为主义学派主要认为，阻抗的产生是因为来访者并不顺从咨询师的治疗方式，并且，研究发现，出现不服从的原因主要有以下三点。首先是来访者并不具备对于行为产生所必需的知识技能；其次是来访者并不信任咨询师；最后是在进行心理咨询或治疗时缺少行为产生的环境条件。

（三）认知学派

认知学派认为阻抗的产生是因为来访者抗拒改变，而其抗拒改变的目的是维护现有的认知方式。在现实生活当中，每个人都有自己的一套认知图示，当事人需要通过这一份认知图示来表征世界，所以说认知学派的咨询师认为来访者会抗拒咨询治疗，由此产生了阻抗。

（四）人本主义学派

人本主义学派认为，来访者在面对威胁的时候会产生阻抗反应，这是为了保护自我。对于来访者来说，咨询师的任何举动都会对来访者自身进行改变，为保护自己，来访者会做出一系列的抗拒行为，并且坚固自身已有的思想，这就导致其没有办法对问题进行全面的观察与分析。

二、阻抗的类型

（一）讲话程度上的阻抗

在讲话程度上的阻抗一般会表现为三种，分别是沉默、寡言、赘言。在这三种表现形式中，沉默是最为突出的阻抗，是最难以解决的。沉默可以表现为个体拒绝回答咨询师的问题，或者在回答咨询师的问题时选择长时间的停顿。在最开始，沉默很难被咨询师所识别，只是令咨询师感到尴尬甚至一筹莫展，因为来访者从开始咨询到咨询结束的不同阶段都会出现各种不同类型的沉默，沉默导致咨询很难开展和进行下去，因此咨询中咨询师要善于识别、区分和处理沉默。

寡言也是一种对心理咨询的抵抗，它通常表现为简单的“嗯”“啊”“不清楚”“不知道”等短语、单句及口头禅，大部分咨询中的寡言现象出现在青少年来访者身上。寡言和沉默一样会使得咨询师受挫，寡言会使咨询师难以进入来访者的内心，无法进行有效的心理咨询。值得注意的是，寡言一般情况下会发生在一些对心理咨询抱有怀疑或者充满戒备的人身上，以及不善于表达的个体身上。

赘言指个体在咨询中滔滔不绝地讲话，不管是在咨询的开始还是咨询过程中，来访者都在滔滔不绝讲述某些理论或个人感受，控制话题，减少心理咨询师讲话的机会，看似积极的咨询，其目的是回避或隐藏自己不愿接触或者是需要改变而不想改变的现实，以免产生焦虑或痛苦感受。

（二）讲话内容上的阻抗

在进行咨询的过程中，来访者经常会在双方的交谈内容上通过一些直接或间接的手段来实现对自身行为的阻抗，常见的阻抗形式有理论交谈、情绪发泄、谈论小事、假提问题等等。

理论交谈常指某些来访者竭力显示自己的高深，采用心理学或医学等术语或理论与咨询师交谈，其潜在动机是不信任咨询师，借此来达到打压和控制咨询师的目的。理论交谈同时也是来访者进行自我保护的一种手段，如某些抑郁或者其他神经症个体，见到咨询师就说，自己看了很多心理咨询书籍，并不断对号入座就某种理论或者疗法询问咨询师，这样做的目的并非想解决自身问题，而是回避自身问题和强化自己在心理咨询中的地位。咨询师首先要使其认识到这种理论交谈的阻抗作用和影响，调整其交流方式。

情绪发泄指来访者对于某些会谈内容的强烈情绪反应。来访者可能通过大哭大闹、不停流泪，甚至不自然地大笑，来回避某些令其焦虑或痛苦的感觉。这也是一种防御机制的表现。

谈论小事指的是对于一些无关紧要的小事不停地谈论，这么做的目的是转移话题，不谈论核心问题，有些时候咨询师的注意力会被成功转移，所以说这种阻抗不容易被咨询师察觉。

假提问题是指来访者对咨询师提出一些表面上看来合乎时宜但是深究却毫无意义的问题，这么做的目的是来访者为了回避一些问题。来访者提出的这些问题在某种程度上可能会涉及本次咨询的一些情况，甚至于是咨询师的个人情况，这就使得咨询师难以回答，所以说假提问题也是来访者对自我保护的一种方式。

（三）讲话方式上的阻抗

有些阻抗是通过来访者与咨询师在交谈之中表现出来的，不同的人有着不同的形式，表现在讲话方式上面的阻抗一般情况下为心理外归因、健忘、控制话题、最终暴露等等。

其中，心理外归因指的是来访者将自身遇到的各种问题都认为是外界的因素影响，已达到避免从自身寻找问题的效果，这一了来访者经常会在咨询过程中不断地抱怨，觉得什么事情和问题都是别人的错误，这种缺乏自我反省的阻抗方式可能是来访者以自我为中心的表现，也可能是来访者内心抵制自己的问题的一种表现，需要咨询师去探索和分析，从而找到来访者问题的关键点。

健忘是指来访者在谈论感到焦虑和令其痛苦的话题时出现的一种现象，来访者通常会以“不记得了”“忘记了”“记不清了”这样的语句回答咨询师。这种情况在咨询师采用各种技术去触及来访者的某种痛苦记忆或者创伤性经历时较多出现。经过研究发现，当年经历过纳粹集中营的存活者，在战争结束后并不愿意去回忆当年发生的事情，就算是谈论也经常会对其中的一些细节记忆不清，表现为“健忘”，这就是创伤性回避。

控制话题指的是与咨询师交谈的来访者总是选择与咨询师谈论那些自己感兴趣的话题，一旦碰到咨询师谈论关键问题的时候就会表现出避而不谈的态度，这么做是为了减少焦虑，也是为了在与咨询师的交谈中提高自身的自尊与地位。

最终暴露是指来访者总是会在双方已经会谈完毕，结束咨询的时候提出重要的话题或者事件，这种情况的发生经常会使咨询师始料不及，难以招架，来访者达到了自己的目的“你看，时间到了，你就没办法跟我深入去探讨了”。还有一些最终暴露的话题者也可能是因为优柔寡断，并不是完全的阻抗。

（四）咨询关系上的阻抗

有些来访者通过故意破坏心理咨询界限表现阻抗，如不履行咨询计划，想跟咨询师发展超越咨询以外的关系，想要咨询师的联系方式，想私下约咨询师，送礼给咨询师，故意诱惑咨询师等。

三、应对和处理阻抗

（一）消除来访者的戒备心理

作为咨询中经常会出现的阻抗，咨询师不必将其看作十分难以解决的障碍，如果“草木皆兵”则可能使咨询气氛过于紧张，咨询师可能把来访者看作要征服和挑战的对象，使得双方的咨询关系变成一种博弈。咨询师发现阻抗或者明显感受到来访者的不配合和抗拒，也不要过分担忧和紧张，咨询师仍然要把建立良好的咨询关系放在重要位置，耐心地倾听，接纳并且理解来访者的感受，采用尊重、温暖、共情等方式消除来访者的紧张、戒备和防御，创造真诚、温暖的咨询氛围本身就能消除各种阻抗。

（二）正确地进行诊断

对于来访者来说，咨询师采用正确的诊断方法有助于减少来访者阻抗的产生。在咨询开始的时候，来访者与其所谈论的只是最表层的问题，对于较深层次的问题，只要咨询师能够对其进行及早把握就能够有效帮助咨询师进行咨询。在咨询过程中，咨询师要明白来访者的外在表现究竟是对咨询师的不信任还是阻抗，对来访者的不同行为表现有了明确的认知才可以及时、正确地进行阻抗治疗。

对于一些来访者来说，阻抗的产生是因为对咨询师产生了气愤或者害怕的情绪，又或者是对咨询师产生了移情，由此抵触咨询，对于各种情况的产生，咨询师应当仔细分辨、正确识别、最终选择慎重的方式对问题进行解决。

（三）以诚恳助人的态度应对阻抗

在进行心理咨询的过程中，咨询师一旦发现来访者产生了阻抗，就必须通过诚恳的态度对其进行劝导，双方一起解决问题。要严格注意，决不能将产生阻抗的来访者当作故意制造争端的对象，咨询师应当时刻保持真诚、和善的态度，通过自身的专业知识与技能获得来访者的信任，在咨询过程中化解对方的阻抗。

（四）结合移情消除阻抗

对于咨询师来说，一些有意识的阻抗是较为容易克服的，但是一些有着移情性质的阻抗就不是那么容易克服的了，需要将阻抗的解除与移情的处理相结合。其中负移情是较为常见的阻抗的表现形式之一，咨询师必须合理地处理好来访者的移情才能够帮助来访者更好地处理阻抗，并最终使阻抗消失。

第三节　大学生心理问题咨询实务

这里以精神分析方法为例进行大学生心理咨询的实务分析。

一、案例及分析

（一）案例

小 A 是一名大四学生，在被保送研究生时，因为对自己的专业不太喜欢，便报考了一直向往的一所重点大学的生物专业，而且通过了笔试，但在面试时落榜了，她感到十分受挫。此时，谈了 3 年的男友提出分手，这让小 A 难以接受，情绪十分低落，也影响到她的毕业设计和日常生活，她感到非常痛苦。小 A 前来咨询时，看起来年龄比较小，穿着打扮并不时尚，显得比较保守，面色较为苍白，表情愁苦，说话的速度很快，一副做事很急的样子。

（二）分析

1.精神动力学评估

（1）生活史

小 A 在上大学前一直与父母生活在一起。父亲在当地政府部门工作，母亲是办事员。母亲由于幼时有被送给别人收养的痛苦经历，所以发誓这辈子无论有多困难，都要自己养育孩子。孩子和家庭就是她的全部生活，孩子稍有异常，母亲就会非常焦虑，对孩子过度保护。在小 A 7 岁时，其母亲患了怪病，诊断不明。后来，他人出主意，建议其母亲再生一胎，冲冲晦气。小 A 的母亲在第二年给小 A 生了一个弟弟。

弟弟长得非常漂亮，并且随着他的出生，妈妈的病情有所好转，弟弟在家中的地位如日中天，而小 A 以前作为独生女的优势荡然无存。不仅如此，小 A 还要承担起照顾弟弟的任务。她表面上很顺从父母的要求，而且在学习上也取得了骄人的成绩，成为学校出名的学习状元，被保送上重点初中、重点高中。优秀的学习成绩也使小 A 找回一点丧失的自尊。

在小 A 14 岁时，她的父亲在换届选举中落选，同时他的一些经济问题也被提出。全家沉浸在一种大难临头的巨大恐慌和焦虑中，父亲好像一下子就老了很多，母亲也经常陪着父亲偷偷流泪，家庭生活水平也明显下降。对于家庭的变故，小 A 采取不闻不问的态度，继续努力学习，并考上了希望的重点大学。

在上大学之后，小 A 主动参与了大学社团的活动，结交同性友人，逐渐形成了自身的社交圈子。在这期间有一名男生对她表达了爱意。在两人交往之后，小 A 会要求男友成绩要在年级中名列前茅、要时刻保持最优形象、买极其昂贵的音乐会票、在假期的时候和她一起参加社会实践等等，就是这样一对金童玉女，在毕业前夕，男生提出了分手，两人的恋爱到此结束了。

（2）既往生活中的主要人物及其关系模式

小 A 在出生之后就一直被母亲抚养长大，在这期间，母亲的照顾无微不至，小 A 十分依恋母亲，在母亲的溺爱之下，小 A 想要什么有什么，她似乎成了母亲的主人。

父亲工作繁忙，只有在周末的时候才能陪伴妻女，但是父亲有着大男子主义倾向，会在家中立下许多规矩，违反规矩的小 A 会被父亲责骂，但当此时，母亲就会站出来维护小 A，这就导致小 A 不喜欢父亲，甚至于有些恐惧。但是父亲光鲜的职务使得小 A 的虚荣心获得了满足，这就使其对父亲有着崇拜心理，这些心理的交织，使得小 A 对父亲的感情十分复杂。

在前男友追求小 A 时，小 A 最开始是拒绝的，但是男友死缠烂打，小 A 的拒绝也不够强硬。小 A 会在男友靠近时拉远双方的距离，在男友远离时及时拉近双方的距离。这就导致了尽管在外人看来双方是天造地设的一对，但是男友却感觉十分的累，直到精疲力竭，双方和平分手。

（3）如何与咨询师建立关系

在小 A 接触心理咨询师时，采用的是自己一贯的交往方式，这种交往方式完全是无意识进行的，给心理咨询师带来了很大的压力，一旦心理咨询师不能与小 A 保持同步，小 A 的脸色就会很难看，这种难看的脸色会让心理咨询师不断回想自身究竟做错了什么，最终小 A 表现给心理咨询师的感觉就是十分的挑剔与苛刻。

2.个案概念化

（1）性心理发展水平

小 A 目前心理问题的性质以冲突性问题为主，主要围绕俄狄浦斯期的“三角关系”展开，其中以“恋父情结”尤为突出。但小 A 在这一时期发展受阻，这也影响到小 A 目前与男性交往的模式，并且小 A 目前在交友受挫后也退行到了俄狄浦斯期。所以，评估小 A 目前的性心理发育水平是在俄狄浦斯期。

从经典精神分析的角度来看，小 A 比较顺利地度过了口欲期和肛欲期，并没有发现明显的固着现象。到了俄狄浦斯期，小 A 在潜意识中力比多的投注对象会悄悄地转向家里的异性父母，也就是她的父亲。小 A 的父亲身材魁梧、阳刚有力，这些都很吸引小 A，她希望可以和父亲有更加亲密的关系。但父亲的强势使她的性心理发育遭受到挑战。父亲的强势曾经给这个家庭带来的利益和荣耀，满足了小 A 自恋的需要，但当她想与父亲亲近，却被对父亲强势的恐惧所阻拦。父亲对小 A 要求严格，小 A 会用比父亲更高的标准来要求自己，她那时的内心或许认为只有满足父亲的要求才能获得父亲的关爱。但对于那么小的孩子来讲，满足父亲的要求谈何容易。因此，小 A 在与男性交往过程中内心都会充满焦虑，似乎“约束”和“控制”成了关系的主题词。我们可以从小 A 与男友的关系模式中看出端倪。

与此同时，她与妈妈的关系也从原来的相互依恋关系逐步转向与妈妈竞争来争夺对父亲的吸引，由原来的彼此界限不清晰的共生关系渐渐转向带有对抗的竞争关系。而这种逐渐远离的关系，无论对妈妈还是对小 A 来讲都是内心引发强烈分离焦虑的信号。当分离焦虑的强度足够大时，她们会相互靠近；而一旦彼此相依，小 A 又无法忍受妈妈那种带有吞没性质的爱，只好再逃离。小 A 与母亲的关系模式变得极为动荡和不确定，其间充斥着趋避冲突的模式。她也无法完成恋父情结后期再次回到向母亲认同的过程，内心没有一个好的女性形象可以被其认同，小 A 也就失去了向成熟和有魅力女人方向发展的原始动力。所以，小 A 做不成有魅力的女性，无法在与妈妈竞争父亲注意力的过程中获胜，同时又失去了与妈妈之间的亲密无间的可被掌控的依恋关系。父亲的粗暴形象使得小 A 只能在内心深处充满矛盾和焦虑地暗恋着父亲。

综上所述，从性心理发展的整体评估上来看，小 A 在俄狄浦斯期发育受阻。所以，小 A 在和男性建立关系时总是会被打上历史的烙印，无法与男性建立起平等、独立、自主的关系。

（2）防御机制

小 A 为了缓解内心焦虑和冲突，采用了压抑、反向形成、抵消、隔离、否认、置换、象征、合理化、理智化、贬低、退行、与理想客体认同等防御机制来平衡自己内心的冲突。这些防御机制大部分属于神经症性的防御机制。

当小 A 的弟弟出生后，小 A 在家中的受宠地位被剥夺了，她采用压抑、抵消、隔离、否认、合理化和理智化等防御机制来保持内心的平衡状态。

14 岁时的家庭变故向小 A 已经失衡的天平上又增添了一个灾难砝码，或许那个时候对小 A 来讲，唯一能做的就是采用压抑、隔离、否认和抵消等防御机制让自己感到好像置身事外，这样可以避免小 A 的内心再遭受更大的创伤进而失控。

在男友和小 A 分手后，她采用退行、贬低、否认等比较原始的防御机制来帮助自己尽快逃离苦海。

（3）人格特质

因为母亲一直过分的溺爱小 A，这就使其出现了自大的倾向，逐渐发展为自恋，这是一种倾向于神经症性的自恋性人格特质。

对于拥有自恋性人格特质的人来说，与其交往的人在他看来就像是处理物品一般，根据自身的需求对其进行处置，完全不在乎他人的感受，在他的眼里，与之交往的独立个体并没有独立性，对于人际的剥削与利用是自恋性人格特质的主要诊断标准之一。对于一些拥有自恋性人格特质的人来说，在日常生活中，经常会指使他人进行工作，要求他人为自己服务，相信自己的独一无二，需要他人的吹嘘与赞美。

在小 A 与其男友的交往历程中，可以很明显地发现上述的特征。

二、治疗

在小 A 与心理咨询师的交流中，小 A 对心理咨询师非常信任，在最开始的时候每次进行咨询都会提前到地方进行等候，在进行咨询的过程中小 A 也会尽量满足咨询师的要求，以及对咨询师提出自身的要求。在进行心理咨询的过程中，咨询师能够很明显地感受到小 A 对咨询师的迎合态度，由于感受到了小 A 对自己的需要，由此产生了压力。在咨询场景中，咨询师能够明显地感受到在这段咨询关系中小 A 一直在重复着她与父母的关系模式，即她在努力地做好，企图获取外界的关心与鼓励。但是因为还处于咨询的开始，咨询师并没有对这段场景进行深入的分析与解释。小 A 同样对咨询师的工作能力给予了强烈的认可，自身有着良好的反应，这些变化引发了小 A 的好奇与思考，由此咨询师也对小 A 的心理问题有了大致的了解，双方都收获颇丰。

在进行咨询的过程中，小 A 对咨询师有着十分严格的要求，相应地，小 A 也要求咨询师采用十分严苛的方式进行咨询工作。这种要求使得咨询师明显感受到，小 A 在咨询室中与咨询师重复着在家中与其父亲之间的关系模式，这种关系模式，会导致小 A 将咨询师想象成迫害自己的人，所以小 A 需要保护自己，最终使得咨询工作难以进行。

在进行精神分析的心理咨询中，需要帮助小 A 理解自己正在采用移情的形式进行心理咨询，我们也可以就此理解她是怎么看待自身与他人之间的关联的。在咨询过程中，小A已经将咨询师划定为自己心中的权威，这就使得双方的关系转变为父子关系模式，这就是移情。在咨询室中，没有外在因素的影响下，咨询师通过对小A详细地解释移情，可以帮助她深刻理解自身与他人之间的关系模式。最终可以使小A能够在新的人际关系背景之下获得足够的安全感进行思考，将有助于小A自尊的塑造、人际关系的完善、自我功能的提升等。

参考文献

[1] 徐英杰，陈凯 . 大学生心理健康 [M]. 厦门：厦门大学出版社，2020.

[2] 李志凯 . 大学生心理健康 [M]. 成都：电子科技大学出版社，2017.

[3] 张秀娟 . 大学生心理健康教育 [M]. 长春：东北师范大学出版社，2020.

[4] 何杰民 . 大学生心理健康与积极成长 [M]. 重庆：重庆大学出版社，2021.

[5] 李春山 . 大学生心理咨询案例解析 [M]. 哈尔滨：东北林业大学出版社，2008.

[6]HELKOWSKI C, STOUT C E, JONGSMAJR A E. 大学生心理咨询指导计划 [M]. 北京：中国轻工业出版社，2006.

[7] 薛春艳 . 生命教育视野中的大学生心理健康教育研究 [M]. 武汉：华中科技大学出版社，2020.

[8] 黄大庆 . 情绪团体心理辅导设计指南 [M]. 北京：首都经济贸易大学出版社，2020.

[9] 周永平，林丽 . 论心理咨询过程中的谈话技巧 [J]. 焦作大学学报，2021，35（04）：101-103.

[10] 魏晓娟 . 当代大学生的恋爱问题及教育应对 [J]. 山东青年政治学院学报，2021，37（06）：35-41.

[11] 李玲 . 大学生挫折心理成因分析 [J]. 华东纸业，2021，51（05）：110-113.

[12] 曹昊 . 心理咨询技术在大学生心理健康教育中的运用 [J]. 教育信息化论坛，2021（05）：82-83.

[13] 刘梦迪，薛玉琴 . 新时代大学生心理健康教育存在的问题及对策 [J]. 辽宁教育行政学院学报，2021，38（01）：35-40.

[14] 熊印宏 . 心理咨询技术应用于高校辅导员谈心谈话工作的探究 [J]. 现代职业教育，2020（24）：216-217.

[15] 丁闽江，苏婷茹 . 大学生心理健康素养现状分析及提升策略 [J]. 扬州大学学报（高教研究版），2020，24（02）：66-72+111.

[16] 钱紫云 . 心理咨询技术在高校大学生就业指导工作中的应用 [J]. 创新创业理论研究与实践，2019，2（23）：162-163.

[17] 李永慧 . 大学生心理危机干预困境与应对策略 [J]. 中国学校卫生，2019，40（04）：486-489.

[18] 罗晓路 . 大学生心理健康教育的现状与对策 [J]. 教育研究，2018，39（01）：112-118.

[19] 徐笑婕 . 大学生心理健康教育存在的问题及对策研究 [D]. 长春：吉林农业大学，2017.

[20] 陈祉妍，刘正奎，祝卓宏，等 . 我国心理咨询与心理治疗发展现状、问题与对策 [J]. 中国科学院院刊，2016，31（11）：1198-1207.

[21] 孙炳丽，田雨，孙海洋，等 . 从心理咨询与治疗的角度看自我 [J]. 心理科学进展，2016，24（01）：83-90.

[22] 安芹，贾晓明，戴彦清，等 . 新手咨询师首次心理咨询实践的专业技能表现 [J]. 中国心理卫生杂志，2015，29（12）：895-900.

[23] 李春红 . 新形势下心理咨询技术在辅导员工作中的运用研究 [D]. 成都：西南石油大学，2015.

[24] 连东琴 . 大学生恋爱冲突与抑郁倾向的关系研究 [D]. 重庆：西南大学，2015.

[25] 王文博 . 大学生积极情绪与学业成就的关系：学业投入的中介作用 [D]. 西安：陕西师范大学，2014.

[26] 熊敏秀 . 网络心理咨询的伦理问题及其对策研究 [D]. 长沙：湖南师范大学，2014.

[27] 李姝 . 大学生挫折应对与心理健康相关研究 [D]. 荆州：长江大学，2014.

[28] 马晓慧 . 大学生挫折情绪、情绪弹性与睡眠质量的关系研究 [D]. 福州：福建师范大学，2013.

[29] 马亚博 . 大学生心理问题产生的原因及对策研究 [J]. 教师，2021（29）：11-12.

[30] 高婷婷 . 大学生心理问题的特点与心理健康教育研究 [J]. 心理月刊，2019，14（13）：57-58.